**Dann häng deine Wäsche doch online auf...!**

Für unsere Patchwork-Kinder

# Dann häng deine Wäsche doch online auf...!

Vom schwierigen Umgang mit
(fast) erwachsenen Kindern

von

**Ute Janik & Hans J. Popp**

Mit einem Vorwort von **Sonya Kraus**

FSC
www.fsc.org
MIX
Papier aus verantwortungsvollen Quellen
Paper from responsible sources
FSC® C105338

**Bibliografische Information der Deutschen Nationalbibliothek**
Die Deutsche Nationalbibliothek verzeichnet diese Publikation in der Deutschen Nationalbibliografie; detaillierte bibliografische Daten sind im Internet über http://dnb.d-nb.de abrufbar.



Covergestaltung:
ABANOB MANSOUR-DESIGN

Technische Finalisierung: MaJa Design
Unter Verwendung von Stockmaterial/Grafiken von:
MarkoBabii / Shutterstock.com, tanuha2001 / Shutterstock.com, rvlsoft / Shutterstock.com
Weitere Bilder unter Lizenz von Shutterstock, Pixabay und Pexels

Foto Autoren: © Michaele Scherenberg
Foto Sonya Kraus: Stephan Pick
Alle anderen Fotos: © privat Janik/Popp

Satz, Herstellung und Verlag:
BoD – Books on Demand, Norderstedt
ISBN 978-3-7543-9039-9

# Inhaltsverzeichnis

# Vorwort

Ist es nicht immer wieder faszinierend, wie junge Leute heutzutage kommunizieren? Oft staune ich über die Smombies (Smartphone Zombies), die mit aufs Display gesenktem Blick durch die Stadt laufen, gern auch mal bei Rot über vielbefahrene Kreuzungen, und trotzdem nicht unter die Räder kommen.

Manchmal sieht man auch ganze Gruppen von Teenies in einer amerikanischen Coffeeshop-Filiale schweigend nebeneinander sitzen, um extrem wichtige Nachrichten oder Fotos ihres laktosefreien Heißgetränks über das Handy an Leute zu verschicken, die gerade nicht da sind. Wahrscheinlich sitzen die gleichzeitig anderswo mit anderen Kids, ohne mit denen zu reden.

Dieses Buch handelt von der etwas älteren Generation, nämlich von jungen Erwachsenen, die bereits das heimische Nest verlassen haben. Es ist köstlich zu lesen, wie die scheinbar flüggen Jungvögel immer wieder ihre Eltern oder Stiefeltern anfunken, weil sie das eine oder andere Mal noch kräftig Flughilfe brauchen. Natürlich immer übers Smartphone. Wehe, wenn dein Kind pingt! Dann gilt es, alles stehen und liegen zu lassen und dich zu kümmern wie früher, wenn der Nachwuchs mit aufgeschlagenen Knien nach dir heulte.

Daraus entstehen jede Menge verrückte, manchmal absurde, aber immer sehr amüsant beschriebene Situationen. Ich weiß: Die Autoren sprechen aus Erfahrung. Ich kenne Hans aus Zeiten, in denen im Fernsehen noch das »Glücksrad« lief, und seit einigen Jahren auch Ute. Die Erlebnisse in ihrer Patchwork-Familie haben sie in diesem Buch auf witzige Weise »verarbeitet«. Ich kann mir gut vorstellen, wie die beiden beim Schreiben immer wieder gelacht haben. Das ist ansteckend, auch für die Leserinnen und Leser – mir ging es jedenfalls so!

Meine beiden Kinder sind noch deutlich jünger und da frage ich mich, wie die mobile Kommunikation in zehn bis 15 Jahren aussehen sein wird, wenn sie halbwegs erwachsen sind.

Vermutlich hat dann jeder einen Chip, der unter die Haut implantiert ist und über den die gesamte Kommunikation mit der Außenwelt abläuft. Die Nachrichten meiner Kinder bekomme ich dann direkt auf die Netzhaut meiner Augen überspielt und höre dazu den Ton zeitgleich im Ohr wie bei einem fiesen Tinnitus.

Was, wenn ich dann beim Freeclimbing für Best Ager (denn das wird die neue Seniorengymnastik) mit zwei Fingern an der Felswand hänge und vor oder besser in meinem Auge erscheint die Nachricht:

»Mama!!! Wo hast du meine neuen intelligenten Sporthosen hingeräumt? Ohne meine Vitalsensorik bin ich aufgeschmissen!«

Was werde ich dann machen: Loslassen, so dass meine alten Knochen zehn Meter tief ins Seil plumpsen – oder ignorieren?

Ich ahne: Wir werden der digitalen Kommunikation vollkommen ausgeliefert sein! Da gilt der Satz: Heute ist die gute alte Zeit von morgen.

Lassen Sie sich hier und heute mitnehmen in die Geschichten voll warmherziger Komik, mitten hinein in den ganz normalen Wahnsinn einer Patchwork-Familie mit drei Kindern, die eigentlich schon ganz erwachsen sind. Eigentlich…

Ich wünsche Ihnen genauso viel Spaß beim Lesen, wie ich ihn hatte.

Ihre Sonya Kraus

# Handelnde Personen

***Paul:*** (deutlich über 50), Vater von Tamara und Pit, Stiefvater von Lena, Ehemann von Sophie, Ex-Ehemann von Anna-Elisabeth, Fernseh-Producer, Ex-Sanitäter und daher medizinischer Fachberater aller Abkömmlinge in Notfällen

***Sophie:*** (knapp über 50), Mutter von Lena, Stiefmutter von Tamara und Pit, Ehefrau von Paul, Chefin von Paul, willfähriges Opfer der Hypochondrie von Lena und Tamara, sporadische Besucherin eines Fitness-Studios, Wächterin der deutschen Sprache und Orthographie

***Lena:*** (23), Tochter von Sophie, Stieftochter von Paul, Stiefschwester von Tamara und Pit, Bachelor of Arts, Berufsanfängerin, Hypochondrin, liebt das kreative Chaos, Kämpferin für Gendergerechtigkeit und die Menschenrechte allgemein und im Universum

***Tamara:*** (21), Tochter von Paul und Anna-Elisabeth, Schwester von Pit, Stieftochter von Sophie, Stiefschwester von Lena, Studentin, exzessive Partygängerin, liebt Reisen und verirrt sich auf Flughäfen, Ex-Au-pair, steht auf Hip-Hop und attraktive Football-Spieler, Rapper und US-Marines

***Pit:*** (19), Sohn von Paul und Anna-Elisabeth, Bruder von Tamara, Stiefsohn von Sophie, Stiefbruder von Lena, Influencer, Youtuber, Inhaber eines Mode-Labels, beginnender Student, Imagefilm-Regisseur, exzessiver Fitness-Freak, Räucherlachsvertilger, Körnerbrötchenvernichter, überzeugter Orthographie-Verweigerer und Schnellsprecher

***Anna-Elisabeth***: (in Sophies Alter), Mutter von Tamara und Pit, Ex-Ehefrau von Paul

***Anna:*** (22), Freundin von Lena, Sonnenschein, Caipirinha-Fan

# 1 Am Anfang war das Ping

*Paul erzählt…*

Es pingt.
Eine WhatsApp-Nachricht. Da steht:

> Pit: Papa!!
> [11:37:52]

Was will mein Sohn mir sagen?
Ping.

> Pit: Hey Papa!!!
> [11:38:03]

Scheint wichtig.

Ich sitze gerade in einem Produktionsmeeting. Es geht um die Aufzeichnung einer kleinen, feinen Fernseh-Show. Ich bin der Redaktionsleiter und voll heiterer Gelassenheit, denn wir wollen eigentlich nur die letzten Details für die kommende Staffel abstimmen. Doch kaum sitzen wir am Konferenztisch, räuspert sich Monique, meine Erste Aufnahmeleiterin, geräuschvoll. Sie sieht blass aus.

Dann erklärt sie, dass wir alle geplanten Termine für unsere Show für den Rest des Jahres verschieben müssten. Vielleicht auch länger.

Entsetztes Schweigen.

Monique spricht mit belegter Stimme in die Stille hinein und teilt uns mit, eine besonders seltene und gefährdete Art von Fledermäusen – der stumpfflügelige Hallensegler – habe seinen Wohnsitz für die Brutzeit ins Studio 1 verlegt – direkt über den Beleuchterbrücken. Und von da dürfe man die unter Artenschutz stehenden Tiere keinesfalls vertreiben.

Als Beleg und um den Ernst der Lage zu unterstreichen, schwenkt Monique ein sehr amtlich aussehendes Fax mit einer Anordnung des hessischen Umweltministeriums. Sie liest vor:

»Die Umsiedlung des stumpfflügeligen Hallenseglers sowie dessen auch kurzzeitige Verbringung an andere Aufenthaltsorte neben, nahe bei oder außerhalb der zu Brutzwecken aufgesuchten Halle bzw. des hallenähnlichen Gebäudes wird hiermit ausdrücklich untersagt.«

Ping.

Pit: Papa, melde dich!!!
[11:41:15]

Es passt gerade nicht. Oder besser: Unpassender geht's gar nicht. Meine Produktionsleiterin Kathrin kriegt Schnappatmung. Sie hat unsere Aufzeichnungstermine gerade mit denen der anderen Ratesendungen im Studio 1 final abgestimmt. Auf kurze Umbauzeiten zwischen den verschiedenen Shows geachtet. Die Sondersendung zur Kommunalwahl berücksichtigt. Mit den Werkstätten geklärt, dass der Studioboden noch rechtzeitig erneuert wird.

Ping. Ich mag nicht hinschauen.

»Geht's noch«, fragt mein Moderator in ersticktem Falsett,

einer Tonlage, die ich an ihm bisher nicht kannte. Er erwartet eine Reaktion von mir, das kann ich sehen. Und dann erinnert er uns überflüssigerweise daran, dass er für unsere Aufzeichnung den Produktionsplan einer von ihm moderierten national ausgestrahlten Morgenshow komplett über den Haufen geworfen habe. Kollegen sprängen kurzfristig für ihn ein, die dafür ihrerseits Termine abgesagt hätten.

Ich räuspere mich und frage meine Aufnahmeleiterin so ruhig wie möglich, ob in dieser Sache schon das letzte Wort gesprochen sei. Vielleicht könne eines der hohen Tiere der Geschäftsleitung seine Kontakte zur Landeshauptstadt Wiesbaden spielen lassen. Die Umweltministerin davon überzeugen, dass unser Studio 1 für Produktionszwecke und nicht als Wochenstube für hässliche Fledertiere gedacht ist. Oder am besten gleich den Ministerpräsidenten.

Aus Verzweiflung verdränge ich für einen Moment, dass Hessen eine rot-grüne Landesregierung hat und dass sowohl die Umweltministerin als auch der stellvertretende Ministerpräsident Grüne sind. Sie werden den stumpfflügeligen Hallensegler *lieben!*

Monique trommelt ungeduldig mit den Fingern auf dem ministerialen Fax herum und sagt nur:

»Träum weiter, Paul.«

Ping. Ich schaue jetzt doch aufs Display. Was soll schon sein, die Fledermaus-Attacke auf unser Studio ist bestimmt viel schlimmer.

> Pit: Papa ich will mir die Nase korrigieren lassen. Hab leider deine geerbt.
>
> [11:45:12]

Danke, Sohn.

Bisher hat Pit sich noch nie über seine Nase beschwert. Obwohl er sie für seinen Youtube-Kanal oft genug vor die Videokamera hält. Seit er kurz vor dem Abi die Schule geschmissen hat, ist er hauptberuflich Youtuber und Influencer.

Ping.

> Pit: Die passt mir gar nicht ins Gesicht. Hab schon mit einer YouTuberin geredet die hat das gemacht für 3000 Euro oder so.
>
> [11:45:25]

Warum schauen mich eigentlich alle im Raum so fassungslos an?

Meine Assistentin Kerstin greift hektisch nach ihrem Asthma-Inhalator.

Ach ja. Das Flattertier und sein Drang, seine Brut ausgerechnet in Studio 1 großzuziehen. Ich sehe die neugeborenen Hallensegler schon zu Hunderten kopfüber von den Lichtbrücken hängen, hungrig nach Blut. Ich muss jetzt, glaub ich, mal zeigen, wie ein echtes Alpha-Tier mit solchen Situationen umgeht.

Leider habe ich nicht die leiseste Ahnung.

Da meldet sich meine Redakteurin Marion zu Wort. Ihre Stimme zittert.

»Leute, die Aufzeichnung ist doch schon nächste Woche. Gerade heute haben wir den letzten Promi für das Rate-Panel festgemacht«, sagt sie.

Das stimmt. Die Pressefotos der Promis liegen vor uns auf dem Tisch. Sonya Kraus hat gerade zugesagt. Außerdem sind Bodo Bach und Matze Knop dabei. Konnten die Termine gerade so in ihre Bühnentournee einschieben.

In unserer kleinen Show müssen die Promis erraten, wozu und wie alte, geheimnisvolle Gegenstände benutzt wurden, die wir ihnen im Studio präsentieren. Solche Sachen wie Flachshecheln, Schränkzangen, Schlockerfässer und vieles andere. Für die nächste Staffel haben wir besonders schöne Gegenstände vorbereitet – die Wurstwaschmaschine einer Bundeswehreinheit (ja, sowas gibt es wirklich) oder das Furzrohr, das sich Angehörige der feinen Gesellschaft vor großen Diners in den Anus einführten und das dafür sorgte, dass abgehende Winde während des Festmahls geräuschlos aus dem Gedärm entwichen.

Aber daraus wird ja jetzt wohl nichts.

Ping.

> Pit: Kann ich die OP zusagen? Schnell!!
>
> [11:46:10]

Ping. Ping. Ping.

> Pit: Muss so ein Online-Formular ausfüllen das jemand die Kosten übernimmt.
>
> [11:46:22]

> Pit: Wär doch ein cooles Geburtstaggeschenk ☺ 👍. Muss ich aber schnell wissen. Krieg sonst keinen Termin mehr.
>
> [11:46:30]

> Pit: Will nicht mit so nem hässlichen Nasenverband zu den video days
>
> [11:46:41]

Meine Produktionsleiterin Kathrin sieht mich stumm an und in ihrem Blick liegt eindeutige Missbilligung meiner Parallelkommunikation per iPhone. Sie erläutert gerade, warum der Artenschutz im Falle des stumpfflügeligen Hallenseglers laut Umweltministerium so bedeutsam sei: Mit dem zunehmenden Verschwinden des produzierenden Gewerbes, also auch von Fabrikhallen, aus hessischen Ballungsräumen sei es zwingend geboten, die wenigen artgerechten Lebensräume der Spezies zu erhalten, die sich in der frühen Phase der Industrialisierung in Großbritannien entwickelt habe.

Wären die bloß in ihren nasskalten britischen Höhlen geblieben, wo sie hingehören, denke ich.

»Das wird teuer, wenn 50 Mitarbeiter plötzlich Däumchen drehen«, sagt Kathrin kopfschüttelnd. Einziger Vorteil für sie sei, dass sie schlagartig mehr Zeit mit ihren Kindern verbringen könne.

Kinder? Verklärte Bilder vergangener Zeiten kommen in mir hoch. Oh ja, das war schön, als sie noch klein waren, die Ausflüge an den Badesee, die Pinocchio-Becher in der Eisdiele, obwohl man damals dachte, die Kids würden einen stressen, nur wegen der Schokoladensauce von einem Ohr zum anderen und der Fünf-Mark-Stück-großen Mückenstiche. Keiner sagt einem, was später kommt.

Ping.

> Pit: PAPA!! Was issn jetzt????? Is nur einn klick
>
> [11:49:12]

Ich raffe mich zu einem Machtwort gegenüber der Runde auf.

»Legal, illegal, scheißegal«, sage ich. Ich fühle mich wie damals Anfang der 80er Jahre, als ich mit meinen linken Kumpels in einer Menschenkette gegen den Nato-Doppelbeschluss demonstrierte. Ich werde für die gerechte Sache kämpfen! Auch wenn es diesmal nicht um Pazifismus geht. »Ich pfeif auf das grüne Establishment. Lasst uns diese Flugviecher vertreiben, ausräuchern oder abschießen.«

An diesem Abend komme ich erschöpft nach Hause. Meine Frau ist schon da – klar, die Chefin kann früher als alle anderen Feierabend machen. Kommt dafür ja auch morgens später in den Funk.

Habe ich eigentlich schon erwähnt, dass meine Frau auch meine Chefin ist? Nein? Dann erkläre ich das später.

Ich frage sie, wie ihr Arbeitstag gewesen sei. Sie rollt nur die Augen und sagt:

»Mach mal den guten Roten auf. Den brauche ich jetzt.«

Das Wetter ist mit 25 Grad um 18 Uhr wirklich angenehm warm. Die tiefstehende Sonne über unserem Balkon in Frankfurt-Eschersheim lässt den Primitivo rubinrot im Glas aufglühen. Wir lächeln uns zärtlich an. Das Leben kann doch schön sein.

Es pingt.

Meine Frau Sophie liest und seufzt und sagt nur: »Lena.«

Sie liest vor:

> Lena: Mama ich hab ein Problem
> und zwar war ich sehr dumm.
> [19:25:13]

Lena ist gerade für drei Wochen in Tokio bei ihrer besten Freundin. Sie musste unbedingt da hin, obwohl sie eigentlich jobben sollte, weil sie nach dem Studium noch nichts

Festes hat und ergo kein Geld verdient. Aber sie träumt schon *ihr ganzes Leben* von Tokio. Also quasi schon ewig. Sie ist *dreiundzwanzig*! Deswegen hat sie sich von ihrem Papa zum bestandenen Bachelor den Flug nach Tokio schenken lassen.

Habe ich schon erwähnt, dass ich nicht Lenas Papa bin? Okay, das erkläre ich später.

Meine Frau sagt: »Sie hat ein nasses T-Shirt an einem Spiegel zum Trocknen aufgehängt – in der Wohnung ihrer Freundin in Tokio.« Pause.

»Leider über dem Parkett. Fiese Wasserflecken. Und die Tapete aus Reispapier hat auch was abgekriegt. Fragt, was sie machen soll.«

Lena: Kennst du irgendeinen Trick, wie ich das wieder wegkrieg weil sonst muss ich ja dem Vermieter was zahlen von der Kaution.

[19:25:59]

Sophie nimmt einen großen Schluck vom Primitivo, und die ersten Solarkugeln im Garten der Nachbarn beginnen ihr warmes Licht über deren akkurat geschnittenen mitteleuropäischen Rasen zu verbreiten.

»Vielleicht ist das Parkett ja aus Kirschbaumholz oder japanischem Bambus oder sowas Speziellem«, überlegt meine Frau. »Aber das weiß Lena natürlich mal wieder nicht.«

Ich denke kurz nach: Wasserflecken in Tokio. Diese Stadt ist mit dem Flugzeug 9333,87 Kilometer von Frankfurt-Eschersheim entfernt. Mit dem Auto sind es schlappe 13.055,78 km oder 194 Stunden und 14 Minuten – ohne Pausen.

Aber elterliche Fürsorge kennt keine Grenzen und ist 24/7 an 365 Tagen im Jahr abrufbar. Getreu dem Motto: »Think global, act local.«

Ich greife nach ein paar Nüsschen zum Rotwein und sage nur:

»Trocken föhnen und hoffen, dass man nichts sieht.«

Die größten Weisheiten sind halt universell.

Meine Frau fragt trotzdem nach, ob das wohl auch für japanische Reistapeten und exotische Bodenbeläge gelte. Als ich überzeugt nicke, als sei ich ein Fachmann für fernöstliche Raumausstattung, gibt sie den guten Rat nach Tokio weiter und schreibt dazu:

> Sophie: Ach, und nasse Sachen hängt man besser nicht über echtem Parkett auf. Aber das weißt du ja jetzt!
>
> [19:26:30]

Übrigens: Wir hatten dann nach dem Öffnen der zweiten Flasche Primitivo noch einen sehr schönen Abend.

# 2 Über das Leben mit Yuffas

*Beide erzählen…*

Wie so viele Menschen um die 50 waren wir froh, als die Kinder aus dem Haus waren.

Wir dachten, mit dem Ende der Pubertät sei das Schlimmste überstanden: Pickelige Milchgesichter, der erste Liebeskummer, frühe Alkohol-Exzesse, private Chauffeurfahrten und Abholdienste nachts um 3 Uhr 30, die uns zu abstinenten Abenden mit Apfelsaftschorle verdammten.

Dazu die ewig schlechte Laune, das grußlose Erscheinen am Frühstückstisch, rotzfreche Widerworte und gezielte Gemeinheiten, Verweigerung von Familienunternehmungen aller Art, vor allem von Spaziergängen und sonstigen Frischluftaufenthalten, das wochenlange Dahingammeln schimmeliger Teller und Gläser auf dem Jugendzimmer, dessen Anblick an Raumschiffe der Föderation nach der Verwüstung durch Klingonenhorden erinnert, das Stieren auf den PC oder wahlweise auf das Handy der jeweils neuesten Generation, nur unterbrochen von den lästigen Schulbesuchen…

Die Liste ließe sich fortsetzen, aber diese Jahre sind ja *endlich* vorbei. Vergeben und vergessen.

Denn nun folgt, so hofften wir, eine Phase, die wir im leidvollen Umgang mit dem pubertierenden Nachwuchs herbeigesehnt haben: die behutsame, zurückhaltende Begleitung des oder der jungen Erwachsenen.

Junge Erwachsene! Das klingt wunderbar. Das klingt

nach der ersten kleinen, aber feinen Wohnung, nach einer Erfolg versprechenden Ausbildung oder einem Studium in einer zukunftsträchtigen Disziplin, nach erstem Job und erstem eigenem Geld (hurra!!), kurz: nach Auf-eigenen-Füßen-Stehen.

Wir Eltern, so malten wir uns das aus, können uns entspannt im elektrisch verstellbaren Fernsehsessel zurücklehnen, geben den jungen Erwachsenen ab und zu eine wertvolle Lebensweisheit aus unserem reichhaltigen Erfahrungsschatz mit und nicken hin und wieder anerkennend zu einem Werdegang, der zu den schönsten Hoffnungen berechtigt: Die Jungen machen ihren Weg!

Wir werden zu Mentoren, deren Rat glücklicherweise nur selten in Anspruch genommen wird, aber immer willkommen ist.

Leider war das ein Traum, so unrealistisch wie diese mit Weichzeichner gefilmten Werbespots für Sonnenblumen-Margarine, in denen glückliche Familien mit dem Picknick-Korb über bunte Blumenwiesen hüpfen und mit unserem Zentralgestirn um die Wette strahlen, während eine leichte Sommerbrise die sorgsam frisierten Locken der Hausfrau in Zeitlupe wehen lässt.

Denn die Wirklichkeit sah anders aus.

Die Wirklichkeit konfrontierte uns mit einer neuen oder besser, bisher nicht identifizierten Spezies: dem oder der *Yuffa.*

Diese Abkürzung steht für *__Y__oung __U__n__F__inished __F__uture __A__dult.*

Den oder die junge/n, unfertige/n, künftige/n Erwachsene/n.

Diese Spezies ist bisher in der Fachliteratur und auch in

populären Publikationen zur Entwicklungspsychologie des Menschen kaum beschrieben, was uns eigentlich wundert, denn wie wir bei vielen anderen Familien in unserem Bekanntenkreis erfahren durften, gibt es eine Menge dieser Exemplare.

Der oder die *Yuffa* ist, sagen wir einmal, halbflügge und hängt in einer Zwischenphase seiner bzw. ihrer Entwicklung fest.

Er oder sie wollte unbedingt das heimische Nest verlassen und selbst fliegen, knallt aber bei den kleinsten Problemen an den nächsten Baum.

Dann braucht er oder sie dringend Hilfe.

Handelt es sich um ein Patchwork-Nest, so werden alle Väter, Mütter, Neu-Partnerinnen und Stiefväter in Anspruch genommen, denn Yuffas sind nicht wählerisch, wenn sie in Not sind. Und das sind sie oft.

Hauptsache, die Hilfe kommt schnell. Also quasi sofort.

Yuffas dulden keinerlei Aufschub.

Und da die heutigen Yuffas alle Digital Natives[1] sind, bedienen sie sich bei ihren Hilferufen meist einer Kommunikationsform, die es erst seit dem Jahre 2009 gibt: des Kurznachrichtendienstes WhatsApp.

Hier zum Einstieg einige Beispiele für die digital übermittelten Hilferufe der uns anvertrauten Yuffas:

---

1 Digital Native: Person, die in der digitalen Welt aufgewachsen ist.

Lena, Berlin, mal wieder verletzt:

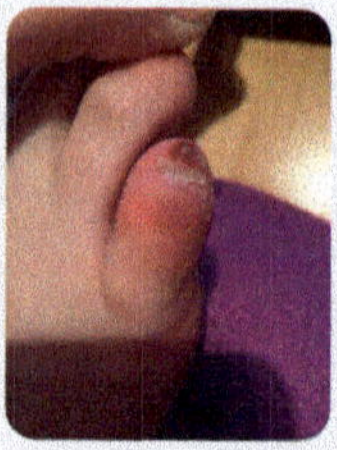

Lena: Ich habe mir aua gemacht

[18:40:53]

Sophie: Aah, wie hast du das gemacht?

[19:32:56]

Lena: Tische sind Feinde

[19:33:11]

Sophie: Hast du gekühlt? Desinfiziert? Kannst du laufen?

[19:34:45]

Lena: Nein nein ja

[19:35:19]

Lena: Pflaster drauf

[19:35:22]

Sophie: Kühlen wäre gut, hast du Kühlkompressen?
[18:27:31]

Lena: Was?
[19:37:50]

Sophie: Dann nimm Gefriergemüsetüte
[19:38:15]

Lena: Erbsen?
[19:38:42]

Sophie: Was auch immer!!
[19:38:52]

Tamara, Berlin, kurz nach ihrem Einzug in die Studentenbude:

Tamara: Vor meiner Wohnung liegt eine Taube mit zwei gebrochenen Flügeln. Was soll ich machen??
[16:54:22]

Pit, Neustadt, frisch verliebt:

> Pit: Ich will so einen Test machen wo man sehen kann ob man Aids hat aber ich weis nicht wo. Was soll ich machen?
>
> [10:52:23]

Dieses Buch handelt vom Umgang mit *Yuffas*.

Es ist kein Ratgeber, obwohl wir gerne einen geschrieben hätten, weil sich Ratgeber-Bücher leichter verkaufen und schnell mal auf der »Spiegel«-Bestsellerliste landen.

Aber leider sind wir zu oft selbst ratlos, wenn Pit (19), Tamara (21) und Lena (23) uns mit ihren Aufträgen aus der Kategorie »Mission Impossible« herausfordern.

Betrachten Sie dieses Buch daher als eine Art Entdeckungsreise in die Welt einer bisher weitgehend unerforschten Spezies.

# 3 Fünf Caipirinhas und eine kalte Schulter

*Paul erzählt…*

Unsere erste Konfrontation mit Yuffas fiel in die Zeit, in der Sophie und ich uns entschieden hatten, nach der Trennung von unseren jeweiligen Ehepartnern ein gemeinsames Leben zu führen.

Denn ziemlich genau in dieser Phase wurden die Kinder flügge, verließen das heimische Nest und wurden dadurch von Teenies zu Yuffas.

Ich erhielt ein Stiefkind dazu und Sophie gleich deren zwei.

Die drei Kinder mussten als erstes die Trennung ihrer jeweiligen Eltern verkraften. Das war schwer genug, auch wenn sie alle schon länger gespürt hatten, dass etwas zwischen den Elternpaaren absolut nicht stimmte. Insofern waren sie froh, dass wir Erwachsene endlich authentisch handelten und den Schritt in ein anderes Leben ohne den langjährigen Ehepartner bzw. die Ehepartnerin wagten. Dennoch war es eine schmerzhafte Zeit für sie. Und dass die anderen Elternteile – also Sophies Ex-Mann und meine Ex-Frau – sich auch recht schnell in neue Beziehungen begaben, machte das Leben nicht unbedingt einfacher.

Danach stand in der neuen Patchwork-Konstellation das Kennenlernen der hinzugekommenen Bezugspersonen auf dem Lebensplan, für Sophie und mich vor allem die Annäherung an die jeweiligen Stiefkinder.

Die Sache mit dem neuen Lebensplan und der glücklichen

Patchwork-Familie erschien, wie so vieles, auf dem Reißbrett noch einigermaßen einfach. In der Realität mussten wir und die Kids ziemlich hohe Hürden nehmen – drei neue Paare, ein dicker Kater und drei Kinder in insgesamt sechs Wohnungen mussten neu sortiert werden.

Zugegeben, wir Erwachsene machten es den Kindern auch nicht leicht. Zunächst einmal muss ihnen die Sache mit den jeweils neuen Partnern und Partnerinnen ein wenig überstürzt vorgekommen sein. Das Bild von den Eltern als lebenserfahrenen, weisen Ratgebern, die selbst nur nach reiflicher Überlegung und mit Bedacht ihre Entscheidungen treffen, mag dabei durchaus ins Wanken gekommen sein. Sophie war nun plötzlich mit mir zusammen, ihr Ex-Mann und meine Ex-Frau waren ebenfalls neu liiert. Selbst Yuffas wissen, dass das selten gutgeht.

Also waren die Kinder skeptisch, ob ihre Eltern und Stiefeltern wirklich noch alle beisammen haben. Das kann man verstehen.

Für Sophie und mich kam noch hinzu, dass unsere Beziehung auch in unserem beruflichen Umfeld für einige Verwerfungen sorgte.

Wie bereits erwähnt: Sophie ist nicht nur meine Frau – sondern auch meine Chefin.

Denn nach mehreren Jahren platonischen und friedlichen Miteinander-Arbeitens packte uns plötzlich ein amouröser Taumel, gegen den wir beide vollkommen wehrlos waren und bis heute sind.

Wir waren also nicht nur ein Paar am Arbeitsplatz, wir waren auch noch in derselben Abteilung eines kleinen, bescheidenen Senders im Herzen Deutschlands tätig.

Und, als wäre das nicht genug, waren bei uns die normalen Verhältnisse, was die Rangordnung im Betrieb angeht, über den Haufen geworfen.

Denn während es in unserer Kultur niemanden juckt, wenn der Arzt mit der Sprechstundenhilfe, der Chef mit der Sekretärin oder der Schlossherr mit dem Hausmädchen anbandelt, so trifft die Umkehrung dieser Rollenverhältnisse auf tiefsten Argwohn.

Dies war im gesamten Sender Anlass zu wilden Spekulationen, Klatschgeschichten und misstrauischer Beobachtung, was sich erst nach ein, zwei Jahren legte.

Unsere Kinder interessierte die unkonventionelle Komponente unserer Beziehung in Bezug auf die Firmenhierarchie glücklicherweise weniger, was für die Zukunft Hoffnung macht auf ein entspannteres Rollenverständnis in unserer Gesellschaft.

Insgesamt kamen wir aber in unserem Familien-, Kollegen- und Freundeskreis vielleicht ein wenig verwirrt rüber in dieser Phase und weniger kontrolliert, rational und überlegt, als wir es sonst zweifelsfrei sind.

Umso mehr Mühe gaben wir uns bei dem ersten Zusammentreffen mit den jeweiligen Stiefkindern.

Ich lernte die damals knapp 18-jährige Lena in Sophies Single-Wohnung kennen, die diese nach ihrer Trennung bezogen hatte. Ich hatte mich mental gründlich auf die erste Begegnung vorbereitet. Natürlich würde ich mich als cooler Kerl präsentieren, nicht als krampfiger, altmodischer Stiefpapa. Ein guter Kumpel, locker und entspannt.

Als das beste Mittel, diese Haltung rüberzubringen, erschien mir die Verabreichung von alkoholischen Kaltgetränken.

Immerhin sind die Kids erwachsen. Hey, ich bin übrigens Paul! Alles ganz easy, Baby, ich mixe uns Caipis!

Nach dem Einkauf von Unmengen Limetten, braunem Rohrzucker, Crushed Ice und Cachaça-Rum war ich mir sicher, dass diese Zutaten eine etwaige anfängliche Befangenheit schnell auflösen würden.

Außerdem glaubte ich, auch psychologisch bestens gerüstet zu sein. Immerhin hatte ich in meinem Berufsleben als Unterhaltungsredakteur schon für Sendungen wie »Dingsda« gearbeitet. In dieser Sendung erklären Kinder Begriffe, die ein prominentes Rateteam herausfinden muss.

Also hatte ich Erfahrung im Umgang mit schüchternen oder ablehnenden Kids. Okay, Lena war zehn Jahre älter als die ältesten »Dingsda«-Kinder, aber ich war zuversichtlich, meine kinderpsychologischen Erkenntnisse auch auf sensible und eventuell verschreckte Teenies anwenden zu können.

Sophie kam mit Lena zur Tür herein, dabei war auch noch Lenas immer fröhliche und aufgeweckte Freundin Anna.

Zu Beginn hielt ich mich – ganz der wissende Kinderpsychologe – erst einmal im Hintergrund, also in der Küche auf.

Hier hatte ich bereits die Limetten geviertelt und rief zur Begrüßung ganz nebenbei um die Ecke: »Wer will alles einen Caipirinha?«

»Ich«, rief Anna – das hübsche Kind mit dem sonnigen Wesen – augenblicklich. Dann hörte ich: »Au ja, für mich auch«, das kam mit schlecht gespielter Munterkeit von Sophie aus dem Wohnzimmer … . Nanu, da fehlte doch noch eine Bestellung.

Also grinste ich schnell ins Wohnzimmer und fragte in Richtung Lena: »Und, wie sieht es mit dir aus? Auch ‘nen Caipi?«

Das »Nein, danke« kam so eisig, dass ich mir den Einkauf des Crushed Ice hätte sparen können. Dabei wurde ich keines Blickes gewürdigt.

Schon war es aus es mit der Expertise in Kinderpsychologie. Mein neues Stiefkind war ein harter Brocken. Egal, der Abend fing ja erst an. Ich mixte die Drinks fertig und brachte sie den Damen. Lena bekam ein Wasser.

Ich startete meine umfangreiche Playlist mit den aktuellen Charts. Man ging ja mit der Zeit.

Nur nicht unlocker wirken. Ich setzte mich Lena schräg gegenüber und schlürfte an meinem Cocktail, wobei ich auf lässige Körperhaltung achtete. Sophie versuchte so etwas wie eine Unterhaltung in Gang zu bringen, die aber nicht wirklich entspannt werden wollte. Was vermutlich daran lag, dass Lena jeden direkten Wortwechsel mit mir boykottierte und konsequent nur Anna oder ihre Mutter ansprach. Bei jedem meiner Blicke in ihre Richtung schaute Lena gezielt an mir vorbei oder auf den Boden.

Es schien immer kälter im Wohnzimmer zu werden, obwohl ich mir sicher war, dass Sophie die Heizung, wie immer, auf die Höchststufe gedreht hatte.

Ganz anders verhielt sich Anna, die von der angespannten Atmosphäre nichts mitzubekommen schien. Um jeglicher weiterer Konversation zu entkommen, zeigte ich ihr jeden einzelnen der 45 Quadratmeter großen Wohnung (Dauer: etwa 90 Sekunden), wies auf die 100 Jahre alten Dielen und die hübschen Kassettentüren hin, als sei ich ein routinierter Makler und wolle ihr die Bude verkaufen. Anna war ganz verzückt darüber, wie klein die Wohnung gegenüber dem Haus war, das Sophie, Lena und ihr Ex-Mann vor der Trennung bewohnt hatten. Anna muss das neue Domizil gegenüber dem weitläufigen, freistehenden Einfamilienhaus im Südhessischen als eine Art Puppenstube empfunden haben.

Kleine Details wie ein im Landhaus-Stil gehaltenes Schränkchen mit winzigen Schubladen ließen Anna in spitze Ausrufe des Entzückens ausbrechen – dagegen standen das eisige Schweigen Lenas und ihre totale Ignoranz meiner physischen Anwesenheit.

Nach der Wohnungsführung folgte mir Anna zutraulich in die Küche.

»Kann ich vielleicht noch so'n Caipi…?«, flötete sie. Ich war ihr ausgesprochen dankbar, dass ich mich weitere fünf Minuten in der Küche aufhalten konnte.

Kaum war Anna mit ihrem Drink aus der Küchentür marschiert, kam Sophie rein. Sie sah unglücklich aus.

»Vielleicht war es doch keine so gute Idee, dass ihr euch gerade heute kennenlernt. Wo Anna dabei ist«, sagte sie leise.

»Wieso das denn?«, fragte ich nach.

Ich war überrascht, denn wir hatten uns natürlich viele Gedanken um unser erstes Zusammentreffen gemacht. Und wir hatten unseren Einfall eigentlich super gefunden: Wenn Anna dabei wäre, würde der Abend zwangloser und nicht so peinlich bemüht wirken. Wir waren uns sicher, dass Lena das auch so sehen würde.

»Naja«, sagte Sophie zögerlich, »Lena hatte sich wohl sehr auf das ‚Mädelswochenende' mit Anna und mir gefreut.«

»Aber sie hat doch zugestimmt«, gab ich zu bedenken.

»Naja«, sagte Sophie wieder, und das tut sie sonst nicht so oft, »sie hat gesagt: ‚Ich sehe schon, du willst das jetzt unbedingt durchziehen.' «

»Oh«, sagte ich, »mmh. Das ist aber kein Nein.«

»Naja«, sagte Sophie zum dritten Mal. »Es ist aber auch kein Ja.«

Zwei Stunden später hatte sich meine Stimmung, auch infolge des Alkoholgenusses, ein wenig aufgehellt. Dank weiterer Caipirinha-Mixereien entspannte ich mich und sagte mir, dass sich dies alles in Kürze geben werde, dass aller Anfang schwer sei, Rom auch nicht an einem Tag erbaut wurde und so weiter.

Die mittlerweile sehr lustige und aufgedrehte Anna hatte entdeckt, dass sie mit ihren Kuschelsocken auf den 100 Jahre alten Dielen Pirouetten drehen konnte, rührte ihren Cocktail mit dem bunten Strohhalm um und juchzte mir ein »Du bist aber ein cooler Typ« entgegen.

Na also: lief doch gar nicht so schlecht... ein Stück weit kam ich gut an... wenn auch nicht bei der avisierten Zielperson. Diese saß in einer Ecke der Couch und nippte wortlos an ihrem Mineralwasser, als würde diese Tätigkeit ihre vollste Konzentration erfordern. Sophie sah aus, als sei sie im falschen Film unterwegs und würde diesen gern auf Anfang zurückspulen. Sie blickte hilflos mal auf Lena, mal auf mich und sagte keinen Ton mehr. Sie fühlte sich offensichtlich unwohl, so zwischen allen Stühlen.

Schließlich musste ich einräumen: Die Sache mit dem neuen Lebensplan lief definitiv nicht so, wie Sophie und ich uns das vorgestellt hatten. Anna hätte ich vermutlich inzwischen adoptieren können. Aber Lena erschien weiter weg denn je.

Sobald es mir vertretbar schien, verabschiedete ich mich von Sophie, Anna und dem Eisblock. Letzterer presste einen knappen Gruß aus den schmalen Lippen. Kann es sein, dass sie vor Kälte blau waren?

Durch den offenen Türspalt zum Wohnzimmer sah ich zuletzt, wie Anna auf dem Sofa hüpfte und versuchte, mit sich selbst »My heart skips, skips a beat« zweistimmig zu singen. Lena saß in ihrer Ecke und stierte aufs Handy. Sophie machte stumm das Klappsofa für die Nacht zurecht.

Ich fuhr die zwei U-Bahn-Stationen bis zu meiner Wohnung.

Dort brauchte ich erstmal einen großen Gin Tonic.

Und eine warme Wolldecke.

# 4 Hilfe ohne Hillebille oder: Die Notfallkommunikation der Yuffas

*Beide erzählen…*

Inzwischen sind seit dieser ersten Begegnung einige Jahre ins Land gegangen und wir alle hatten Zeit, uns aneinander zu gewöhnen. Ja, man kann sagen: Unsere Patchwork-Familie läuft richtig gut.

Für uns gab es in dieser Zeit reichlich Gelegenheit, Yuffas und ihre Verhaltensweisen an gleich drei lebenden Exemplaren zu beobachten. Dabei fielen uns, so verschieden Pit, Tamara und Lena auch sind, doch ein paar Dinge als ausgesprochen Yuffa-spezifische Gemeinsamkeiten auf.

Die meisten davon gehören in den Bereich der Kommunikation und innerhalb dieses weiten Feldes in das Gebiet der Notfallkommunikation. Diese tritt bei Yuffas erstaunlich oft auf. Im Falle unserer Kinder scheint so gut wie täglich mindestens ein/e Yuffa Hilfe in einem dringenden Notfall zu benötigen.

Schauen wir uns mal an, in welcher Weise Yuffas ihre Notrufe absetzen. Es lohnt sich, dieses Verhalten näher zu betrachten, denn daran lässt sich der oder die Yuffa sofort erkennen. Yuffas rufen nämlich anders um Hilfe als alle Generationen, die vor ihnen auf diesem Erdball in missliche oder lebensbedrohliche Situationen aller Art gerieten, also so etwas wie Angriffe eines Säbelzahntigers, Feuersbrünste, Attacken aggressiver Nachbarstämme oder wenn man sich beim Sammeln und Jagen einen Spreißel in die Fußsohle gejagt hatte.

Es ist unmittelbar einsichtig, dass die wirksame Übermittlung von Notrufen in derlei Situationen zum Überleben des einzelnen Individuums und damit zur Sicherung der Art unabdingbar ist.

Aus diesem Grund hat der Mensch in seiner etwa 70.000-jährigen Geschichte vielfältige Varianten der Notfallkommunikation entwickelt. Zunächst einmal hat die Menschheit über Jahrtausende das gesprochene Wort vervollkommnet, dazu gehört auch das Rufen und Schreien bei Gefahr. Sollte die Kommunikation größere Distanzen überwinden, als man sie innerhalb des unmittelbaren heimischen Umfelds benötigte, so entwickelte der Homo sapiens hierfür eine Reihe von Techniken: Im Mittelalter waren Glocken üblich, die zur Mette oder zum Markt riefen oder vor einem Angriff warnten. Köhler verwendeten noch bis ins 20. Jahrhundert die Hillebille, ein Schlagbrett aus Hartholz als Alarminstrument, um etwa beim Brand eines Holzkohlenmeilers die Gehilfen herbeizurufen. Indianische Kulturen erfanden die Rauchzeichen. In Afrika, Neuguinea und den amerikanischen Tropen diente die Buschtrommel zur Verständigung über große Distanzen.

Das Alphorn war Jahrhunderte lang ein wichtiges Kommunikationsmittel der Hirten in den Bergen, um bei Notfällen Hilfe von Alm zu Alm zu organisieren. Im Morse-Alphabet lässt sich durch die Signalfolge »drei Mal kurz, drei Mal lang, drei Mal kurz« der klassische Notruf »SOS« funken. Seit knapp 150 Jahren steht in Deutschland der sogenannte Fernsprechapparat zur Verfügung, der speziell für dringende Fälle die Telefonnummer 112 bereithält. Seit etwa 70 Jahren gibt es Notrufsäulen an deutschen Autobahnen.

Diese bewährte Vielfalt an Kommunikationstechniken wird von Yuffas vollständig ignoriert. Dies liegt nicht nur daran, wie wir einräumen, dass es nicht sehr zielführend wäre, vom Prenzlauer Berg aus einer winzigen Studentenbude heraus das bis zu vier Meter lange Alphorn zu blasen, um Hilfe vom Alexanderplatz herbeizurufen, wenn beispielsweise das Flusensieb im Wäschetrockner verstopft ist (siehe nächstes Kapitel).

Es liegt vielmehr daran, dass die Spezies der Yuffas aus eigenem Antrieb ihre Notrufe auf ein rudimentär anmutendes Kurzmitteilungssystem reduziert: die WhatsApp – und damit auf ein noch sehr junges Kommunikationsmittel. Wie eingangs bereits erwähnt, akzeptiert der oder die Yuffa nur diese Kommunikationsmöglichkeit, auch bei Mitteilungen an ältere Generationen, die sich gerne eines breiteren Spektrums an Ausdrucksmöglichkeiten bedienen.

Damit reduzieren sich alle denkbaren akustischen Notsignale auf ein schlichtes »Ping«. Keine Trommeln, keine Glocken, keine Hillebille, kein Alphorn, schon gar kein Telefonanruf. Einfach nur: »Ping«.

Allerdings kommt so ein Notfall-Ping selten als Solitär daher. Üblicherweise sind es mehrere Pings mit Nachrichten, die jeweils nur bruchstückhafte Informationen enthalten. Das sieht typischerweise so aus:

Lena: Mutter???
[16:40:48]

Lena: Melde dich
[16:41:34]

Lena: Jetzt
[16:41:35]

Lena: Sofort
[16:41:36]

Lena: Ah
[16:41:38]

Lena: Bitte
[16:41:41]

Lena: Hilfe
[16:41:42]

Sollten wir elternseits nicht sofort reagieren, so feuern die Yuffas regelrechte Ping-Salven ab. Wir fühlen uns zuweilen wie Bonnie und Clyde, die am Ende des gleichnamigen Films minutenlang in Zeitlupe von Kugeln durchsiebt werden und dabei wie lebensgroße Puppen auf ihren Autositzen auf und ab zucken.

Wie in folgendem Beispiel:

Lena: Komme in 5 Minuten Max
[19:38:24]

Lena: An eure Haltestelle
[19:38:26]

Lena: Eher weniger
[19:38:58]

Lena: Denke ich
[19:39:03]

Lena: Oder
[19:39:05]

Lena: Hmm
[19:39:07]

Lena: Wo bleibt ihr
[19:43:08]

Lena: Pffff
[19:43:08]

Lena: Hallo
[19:43:10]

Lena: Hallo
[19:43:11]

Lena: Hallo
[19:43:12]

Lena: Ich hab Bescheid gesagt
[19:43:18]

Lena: Frühzeitig
[19:43:20]

Lena: Wo
[19:43:22]

Lena: Seid

[19:43:23]

Lena: Ihr

[19:43:24)

Ein kurzer Anruf hätte das Problem übrigens rasch lösen können. Als sie diese Nachrichten schrieb, saß Lena in der Berliner Tram und wir wollten an der Haltestelle vor unserem Hotel zusteigen, um gemeinsam nach Berlin Mitte weiterzufahren. Aber wie gesagt: Sprachliche Kommunikation per Telefon ist im Verhaltensrepertoire von Yuffas einfach nicht vertreten. Stattdessen panisches Pingen.

Schauen wir uns nun einmal an, in welche Art von Notfällen Yuffas geraten, bei denen sie dann sofortige Hilfe der elterlichen Homebase benötigen. Diese sind sehr vielfältig und reichen von Autopannen über verzweifelte Situationen im Supermarkt (»Wie sieht eigentlich Minze aus, wir wollen Mojitos machen«) bis hin zu eilig erbetenen Rechtschreibprüfungen wichtiger E-Mails an spießige Bürokraten, die noch auf saubere Orthografie Wert legen. In diesem Buch gibt es viele Beispiele für derartige Notsituationen. Der medizinischen Notfallhilfe widmen wir sogar später ein eigenes Kapitel.

Auffällig oft entstehen Yuffa-Notfälle auf Reisen. Diese sorgen bei uns immer wieder für plötzliche Adrenalinschübe. Wie oben schon angedeutet, können sie sogar im lokalen öffentlichen Nahverkehr auftreten.

So entspann sich zwischen Sophie und Lena, als diese zu einem Kurs für ihre künstlerische Mappe zur Studienbewerbung erstmals allein in Berlin unterwegs war, folgender Dialog:

Lena: Hab die u-Bahn in die falsche Richtung genommen und jetz komm ich zu spät. Was soll ich machen?

[10:52:12]

Sophie: Nächste Station aussteigen und in die Gegenrichtung wieder einsteigen.

[10:52:30]

Lena: Aber die uni ist heute zu Nur unsere Trainerin hat den Schlüssel, das heist ich komm da nicht rein

[10:52:51]

Sophie: Aber sie hat euch doch ihre Handynr gegeben?

[10:53:14]

Lena: Ja war ein Zettel, hab den aber nicht dabei

[10:53:45]

Lena: Was soll ich machen? Schnell??

[10:53:53]

Im Fernverkehr sehen die Notfallsituationen dann nochmal viel dramatischer aus. Selbst wenn der oder die Yuffa bereits allein in Australien, USA, den Vereinigten Arabischen

Emiraten, Thailand, auf Bali und anderen entlegenen Orten auf diesem Planeten unterwegs war – und dies trifft auf unsere Kinder und viele ihrer kosmopolitisch geprägten Altersgenossen zu – so gerät er oder sie doch immer wieder in schwerwiegende Notlagen. Beispielsweise auf dem Flug von Sidney nach Frankfurt über Abu Dhabi, den Tamara für die Heimkehr nach mehreren Monaten als Au-pair in Australien gewählt hatte.

Tamara: Fuck Leute
[22:16:58]

Paul: Was is los
[22:17:23]

Tamara: Ich hab Nur 15min meinen nächsten Flug zu bekommen
[22:17:26]

Tamara: Was mach ich jetzt????
[22:17:32]

Tamara: Warten die auf mich
[22:18:19]

Tamara: Wenn die wissen ich hab einen Connection flight
[22:18:28]

Paul: Dem Personal Bescheid sagen, dass sie warten sollen -
[22:18:33]

Tamara: Schnell
[22:18:33]

Paul: Die sollen beim anderen Flieger Bescheid sagen
[22:18:56]

Tamara: Okay
[22:19:23]

Tamara: 😂😂😂
[22:19:26]

Tamara: Hilfeeeeeee
[22:19:32]

Tamara: Schnell
[22:19:40]

Tamara: Muss zu Terminal B
[22:19:49]

Tamara: Wie the fuck finde ich da hin
[22:19:59]

Paul: Frag jemanden vom staff oder Infoschalter
[22:20:10]

Tamara: Bin da. Steh aber gerade in der Warteschleife
[22:22:34]

Tamara: Schlange
[22:22:38]

Tamara: Hab noch 10min
[22:22:43]

Tamara: Alter
[22:22:45]

Paul: Was für eine Schlange
[22:22:52]

Tamara: Noch nie so viel Stress gehabt
[22:22:53]

Pit: Sag sorry ich muss kurz durch
[22:23:06]

Pit: Mein Flieger kommt
[22:23:09]

Pit: In 10 min
[22:23:16]

Pit: Komm so schnell wies geht an das Personal ran
[22:23:27]

Pit: Denk egoistisch
[22:23:32]

Paul: Geh ans Telefon
[22:23:09]

Pit: Aber sei lieb
[22:23:38]

Klar, der Vater greift wieder auf die alten Kommunikationsformen zurück in der irrigen Annahme, dies würde die Sache möglicherweise beschleunigen. Da könnte er ja auch gleich nach der Buschtrommel greifen! Natürlich ignoriert die Yuffa diesen Vorschlag.

Tamara: Ich bin so verwirrt
[22:36:24]

Tamara: Ich hab mit dem Personal gesprochen und die meinen Boarding time ist 1 Uhr
[22:36:38]

Paul: Dann ist doch alles ok
[22:37:27]

Tamara: Aber auf dem Screen stand 12:30
[22:37:40]

Tamara: Okay
[22:37:40]

Tamara: Hab das jetzt geklärt
[22:37:44]

Tamara: Keine Ahnung was das für ein Bull Shit war
[22:38:03]

Tamara: Weil ich hab einem Mitarbeiter mein Ticket gezeigt und der meinte oh ich soll mich beeilen
[22:38:22]

Tamara: Und der nächste meint so ne ich hatte noch ne Stunde
[22:38:31]

Tamara: Aber egal
[22:38:34]

Tamara: Alles gut ist geklärt
[22:38:39]

Na also! Schnell gewhatsappt, und in schlappen 22 Minuten ist die Sache geritzt! Mit einem Telefonanruf wäre das Ganze vielleicht doch in drei Minuten... aber lassen wir das.

Nach mehreren dieser Vorfälle richteten wir uns im heimischen Arbeitszimmer eine Art Yuffa-Notfallbibliothek für Fernreisen ein. Sie enthält: die Flugpläne der größten Airlines in ausgedruckter Form, außerdem die Lagepläne der internationalen Flughäfen samt aller Terminals in alphabetischer Reihenfolge von Abu Dhabi (AUH) über Frankfurt (FRA) und Ouagadougo (OUA) bis Zanzibar (ZNZ) und Zürich (ZRH). Auch die aktuellen Gates der betreffenden Flüge sind auf einem Extra-Server immer abrufbereit... ach ja, das Kursbuch der Deutschen Bahn inklusive aller Anschlussverbindungen in den öffentlichen Nahverkehr ist dieser umfangreichen Bibliothek hinzugefügt.

Eigentlich war das gar nicht so aufwendig, nur das Besuchersofa mussten wir an die Nachbarn verschenken, um für die fahrbaren Regalsysteme Platz zu schaffen, die wir aus dem Fundus der deutschen Nationalbibliothek in Frankfurt günstig erstehen konnten.

Es zeigte sich aber, dass eine einzelne Yuffa trotz optimalen Equipments auf Seiten der Eltern immer noch überraschende Fragen auf Lager hat, wenn sie einen Anschlussflug kriegen muss – diesmal in Atlanta.

Tamara: Ich hab nur 30min um zum nächsten Flug zu kommen
[23:07:34]

Tamara: Dreh gleich durch
[23:09:28]

Tamara: Und ich muss ganz sicher nicht mehr meinen Koffer holen?
[23:10:05]

Tamara: Die machen schon Boar-ding
[23:10:57]

Tamara: Shiiiittt
[23:11:01]

Paul: Koffer wird durch gecheckt auf deinen Flug nach Frankfurt
[23:12:31]

Tamara: Papa
[23:13:05]

Paul: Nicht tippen – laufen
[23:13:28]

Paul: Steig einfach ein
[23:13:28]

Tamara: Frauen sind multitasking fähig
[23:13:48]

Paul: Ja nee klar
[23:14:42]

Tamara: Ich bin drin
[23:14:51]

Paul ist froh, dass er mal wieder helfen konnte, fragt sich aber doch, warum es Tamara nicht möglich war, während eines mehrstündigen Fluges das Bordpersonal danach zu fragen, ob ihr Gepäck bis Frankfurt durchgecheckt wird.

Wir versuchen inzwischen, bei derartigen Vorfällen gelassen zu bleiben, selbst wenn die yuffaseitige Panik dies nicht gerade leicht macht. Zuhause haben wir jetzt immer eine Räucherkerze an, bevorzugt mit Sandelholz, und spielen ganze Abende meditative Musik für den Fall, dass uns ein Notfall-Ping erreicht. Außerdem nehmen wir uns, wann immer die Situation es erlaubt, bei jedem Ping unserer Kinder die Zeit, um mehrmals tief durchzuatmen und die Muskulatur zu lockern, bevor wir die Nachricht öffnen.

Vor kurzem haben wir uns ausgemalt, wie es wäre, wenn sich Tamara bei ihrem Onkel in Los Angeles aufhielte und es just in dieser Zeit zu dem gefürchteten Jahrhundertbeben käme.

Vermutlich würde uns folgende Ping-Salve treffen[1]:

Tamara: Hilfe!![1]

Tamara: Fuck!!

Tamara: Liest das jemand

Tamara: OMG

Tamara: Hier hat sich gerade son Erdspalt aufgetan

---

1 Dies ist der einzige Chat, den wir für dieses Buch erfunden haben!

Tamara: Scheisse

Tamara: Das Wohnzimmer rutscht da gerade rein

Tamara: Oh no

Tamara: Wtf

Tamara: Schnell!!

Tamara: Was soll ich machen??

Tamara: Um mich rum ist kein Haus mehr

Tamara: Schnell!!

Tamara: Ich hab nicht mehr viel Akku

# 5 Der amputierte SpongeBob oder: Yuffas und ihre erste eigene Bude

*Sophie erzählt…*

Also okay, Eltern sind Spießer. Das muss man vorausschicken. Eltern tun unglaublich spießige Dinge, zum Beispiel täglich die Kleider vom Vortag sortieren. Die Kategorien dabei haben sie verinnerlicht: Ab in den Wäschekorb, Raushängen zum Lüften, zurück in den Schrank. Eltern heften Unterlagen und Dokumente in Leitz-Ordnern ab, die ordentlich an der Schmalseite beschriftet sind. Eltern räumen in regelmäßigen Abständen ihre benutzten Weingläser vom Couchtisch weg und wischen dabei gleich die Rotweinränder von der gläsernen Tischplatte. Eltern bringen ihr Altglas zum Container und nutzen dabei brav die separaten Öffnungen für Braun-, Weiß- und Grünglas. Pubertierenden, Heranwachsenden und Yuffas kommt dergleichen nicht in den Sinn.

Ich erinnere mich an den ersten gemeinsamen Patchwork-Urlaub mit Pit und Tamara in einer Ferienwohnung in Garmisch-Partenkirchen. Am Tag unserer Rückreise bat ich Pit, die in einer großen Ikea-Tragetasche gesammelten Glasflaschen zum Container zu bringen, der etwa 50 Meter vom Haus entfernt lag und den ich ihm vom Fenster aus zeigte.

Pit sah mich an, als hätte ich gesagt, »schmeiß noch ein paar Bananenschalen in den Fluxkompensator und schick den DeLorean mit den Flaschen ins Jahr 1955!« (Die Älteren werden sich erinnern.) Es war deutlich zu erkennen, dass Pit zuvor noch nicht mal von der *Existenz* von Altglascontainern gewusst hatte.

Aber was soll man erwarten. Zu Beginn des Urlaubs hatten wir festgelegt, dass einmal die Kinder und einmal die Erwachsenen den Abwasch übernehmen würden, da es in der Wohnung keine Spülmaschine gab, was sie für die Kinder ohnehin zum quasi unbewohnbaren Objekt machte.

Also, Paul und ich hatten dies so festgelegt, um ehrlich zu sein. Dann erlebten wir eines Morgens, wie Pit den Abwasch des Vorabends erledigte. Es hatte Spaghetti Bolognese gegeben. Pit ließ kaltes Wasser ins Spülbecken einlaufen und tauchte die tomatenverschmierten Teller hinein. Nachdem diese ihr Kaltbad hinter sich hatten, ließ er die Gläser in die rote Brühe gleiten. Paul und ich wechselten bestürzte Blicke. Sollten wir einschreiten? Oder den jungen Mann seine eigenen Erfahrungen sammeln lassen?

Paul hielt es schließlich nicht mehr aus und warf scheinbar beiläufig ein, dass man a) eigentlich warmes Wasser für den Abwasch verwendet und b) beim Spülen mit den Gläsern anfangen sollte. Daraufhin warf Pit ihm den Standardsatz aller Pubertierenden zu:

»Wenn ich schon abwaschen soll, dann mach ich es so, wie ich es für richtig halte.«

Nun war Pit damals 15 und am Kulminationspunkt seiner Pubertät. Jahre später werden aus diesen Kindern Yuffas, die eine eigene Wohnung haben. Man denkt, dann würden sich die Dinge von allein finden. Aber nein: Auch Yuffas leben wie Bohémiens. Ihr freier Geist lässt sich nicht in spießerhafte Regeln zwängen, die aus dem Mief der 50er Jahre zu stammen scheinen.

Sie wohnen also in einem eigenen Haushalt, aber sie führen ihn nicht wirklich.

Tamara flog als Erste aus dem Nest (freiwillig, übrigens) und lebte während ihrer Abiturientenzeit in einer Ein-Zimmer-Wohnung in Kaiserlautern. Dort war sie in vielen Clubs unterwegs, ging auf jede Menge Partys, wo sie hübsche amerikanische Soldaten traf, außerdem noch in die Schule. Hin und wieder hielt sie sich auch in der eigenen Bude auf.

Es dauerte nicht lange, da erhielten wir folgendes Foto:

Dazu eine Reihe von Nachrichten:

Tamara: Irgendjemand Pasta mit einer Beilage von Schimmel gefällig?

[18:12:25]

Tamara: Hab meine Pasta von letzter Woche knallhart in der Mikro vergessen

[18:12:31]

Tamara: Hooooollyy moooolly

[18:12:41]

Tamara: Hahahhahahaha

[18:12:45]

Paul: Kann sie schon sprechen?

[18:13:01]

Tamara: Ja und sie atmet

[18:13:07]

Tamara: Kannst sie streicheln

[18:13:09]

Tamara: Aber no joke kann ich die Schüssel einfach wegschmeißen? Ich glaub ich bekomm das kotzen wenn ich das auch nur versuche rauszubekommen

[18:13:20]

Tamara: hahahahahha

[18:30:45]

Tamara: Katzen zum streicheln werden überbewertet, lasst einfach euer Essen in der Mikro vergammeln und dann hab ihr was zum streicheln und Geld gesparrt
[18:30:48]

Tamara: Pit ich geb dir 10 € wenn du einen Löffel davon nimmst 😇
[18:31:05]

Paul: Schmeiß weg – aber wisch deine Mikro mit Spüli-Wasser und Essig aus – Pilze setzen sich gern an den Wänden fest 🤢
[18:31:20]

Tamara: Na super hab da drin gerade mein Essen aufgewärmt
[18:31:45]

Tamara: Aber okayyyy mach icg
[18:31:53]

Tamara: Danke 🙏♡
[18:31:56]

Paul beschwerte sich nach dieser Episode mir gegenüber, dass Tamara mit ihrer schimmeligen Pasta spreche, während er als Vater grundsätzlich nur mit ihr chatten dürfe. Er fühle sich der Pasta gegenüber diskriminiert. Ich verstand ihn gut.

Wenig später fing meine Tochter Lena ein Studium in Berlin an, um alles über visuelle Effekte beim Film zu lernen. Das klang vielversprechend. Sofort sah ich vor meinem geistigen Auge ihren Namen im Abspann von »Starwars«-Filmen oder anderen actiongeladenen Blockbustern voll digitaler Tricksereien. Gegen jede Wahrscheinlichkeit fand Lena sehr schnell eine hübsche und bezahlbare Zwei-Zimmer-Wohnung am Prenzlauer Berg. Sicher der Lohn dafür, dass sie in jeder freien Minute auf »Immoscout 24« unterwegs gewesen war. Vielleicht spielte auch eine Rolle, dass ich den Vermietern eine Bürgschaft von Mama für die Mietzahlungen anbot. Jedenfalls war meine Tochter begeistert von der Wohnung, die eine Einbauküche hat, dazu Abstellkammer, Balkon, Keller, alles dran und drin.

Ich stellte schließlich noch Waschmaschine und Trockner ins Bad. Paul und ich hatten je eines dieser Geräte übrig, da wir vor kurzem zusammengezogen waren. Beide gebraucht, aber sehr gut erhalten. Das Kind soll es ja schön haben.

Kurze Zeit später teilte mir Lena mit, dass sie die Tür ihrer Waschmaschine nicht öffnen könne. Das Spülwasser fließe nicht ab. Auch nicht, wenn sie es mit dem Programm »Abpumpen« probiere. Auf diese Idee war sie immerhin gekommen. Ihre Wäsche, so fügte sie hinzu, schwimme nun schon seit einer Woche in der hermetisch abgeschlossenen Trommel der Waschmaschine. Ob das schlimm sei. Und dann die häufigste aller Yuffa-Fragen:

> Lena: Was soll ich machen??
> [09:25:07]

> Sophie: Hast du schon mal das Flusensieb gereinigt?
> [09:25:15]

Lena: Das was??

[09:25:20]

Es stellte sich heraus, dass meiner Tochter das Vorhandensein eines Flusensiebs in Waschmaschinen unbekannt war. Daher konnte sie natürlich auch nicht wissen, dass man es reinigen kann und auch hin und wieder reinigen sollte.

Ich erklärte ihr, wie man das Sieb mittels einer Drehbewegung aus der Waschmaschine herausziehen kann und dass sie das tiefe Blech aus dem Backofen plus ein, zwei alte Handtücher und Wischlappen unter den Maschinenrand klemmen solle, um das auslaufende Wasser aufzufangen. Dann hörte es eine Zeitlang auf zu pingen.

Dann kamen diese Fotos:

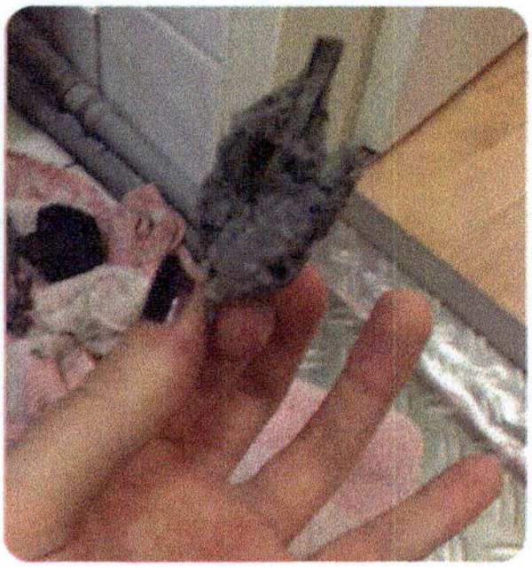

Lena: Diesen Klumpen hab ich rausgefischt

[10:01:56]

Lena: Ist das ekelig ich kotz gleich

[10:02:02]

Sophie: Das ist ja grauenhaft! Was um Himmels willen ist das? Ne tote Maus?
[10:02:10]

Lena: Ne, das waren mal Streichhölzer fällt mir ein
[10:02:18]

Sophie: Was machst du mit Streichhölzern in deiner Wäsche
[10:02:26]

Lena: Als Julia über Nacht da war hatten wir neulich kein Feuerzeug. Weiss nicht wie die Schachtel in die Maschine kam
[10:02:33]

Lena: Im Bad is alles nass aber die tür geht auf
[10:04:17]

Lena: Danke ♡
[10:04:21]

Später an diesem Abend, so gegen Mitternacht, kam noch eine WhatsApp-Nachricht mit der Frage, ob man Blusen mit »aufen« Knöpfen an der Wäscheleine aufhängt, so dass je eine Hälfte der Bluse längs von der Leine nach unten hängt, oder mit »zunen« Knöpfen, also quasi doppellagig.

Das war der Moment, wo ich erschöpft die Worte vor

mich hin murmelte: »Dann häng deine Wäsche doch online auf...!«, und auf eine Antwort verzichtete.

Naja, sagte ich mir am nächsten Morgen mit mütterlicher Nachsicht, aller Anfang ist schwer, das gilt auch für die eigene Haushaltsführung. Von nun an wird das dankbare Kind ihr Kleinod auf dem Prenzlberg hegen und pflegen und sich täglich an ihrem properen Heim erfreuen. Und es sauber halten.

Weit gefehlt.

Bei meinen Besuchen in Berlin stellte ich immer öfter merkwürdige körperliche Symptome bei mir fest, sobald ich Lenas Wohnung betrat: sich langsam aufstellendes Nackenhaar, erhöhten Puls, leichte Schweißbildung sowie den kaum zu bändigenden Impuls, mich auf den Fersen umzudrehen.

Es dauerte eine Weile, bis ich begriff: Dies war der Fluchtreflex.

Diese Entwicklung gipfelte an einem Abend im Spätherbst. Ich wollte meine Tochter nach einer dienstlichen Sitzung in der Hauptstadt besuchen und war auf Entspannung und Erholung aus, nachdem ich den ganzen Tag in einem Sitzungsraum eingesperrt gewesen war. Lena kam spät nach Hause – sie jobbte inzwischen drei Mal pro Woche an einer Hotelrezeption – und hatte mir bereits angekündigt, ihre Wohnung sei »nicht sehr aufgeräumt«. Dies ließ Böses ahnen. Dennoch war ich nicht ausreichend vorbereitet.

Als ich die Wohnungstür öffnete, sah ich so etwas wie Dantes Inferno. Unter einem riesigen Kleiderstapel erkannte ich schemenhaft einen Stuhl, weitere Details des Mobiliars waren nur mit Mühe und nur deswegen auszumachen, weil mir die Topografie der Wohnung einigermaßen vertraut war. Ich sah

Stapel geöffneter Post, gewaschene Bettwäsche, Stapel ungeöffneter Post, ungewaschene Bettwäsche, eine Cornflakes-Packung auf dem Couchtisch, daneben eine abgebrannte Räucherkerze mit einem kleinen Aschehäufchen, zerknüllte Papiertücher von der Zewa-Rolle, drei offen stehende Handtaschen, deren sichtlich unsortierte Untiefen weiteres Chaos erahnen ließen, Pizzakartons, DVD-Hüllen, ein Knäuel aus Halskettchen, eine Packung Ibuprofen, Kleidungsstücke überall, oh, so viele – wie kann man bloß so viele Tops und Sweater und Slips und Skinny Jeans haben -, eine merkwürdige Collage aus Zeitschriftenausschnitten, irgendwie festgepappt am Echtholzparkett, eine Packung Slipeinlagen, benutzte angeschlagene Teetassen, einen Wäscheständer, der unter seiner Last in die blechernen Knie zu gehen drohte, behängt unter anderem mit einer Bluse mit »zunen« Knöpfen, viele leere Glasflaschen, noch mehr leere Plastikflaschen, kurz, die Hölle für eine spießige Mittfünfzigerin.

Ich versuchte, mit dem Zeigefinger »SAU« in die dicke Staubschicht auf der Glasplatte des Schreibtischs zu schreiben, aber es gelang mir nicht: Die Gebirgskämme, die mein Finger aus dem Sediment aufschichtete, waren zu hoch und instabil, und der Staub rieselte in die Schlucht zurück und bedeckte den gläsernen Grund erneut.

Ich sank ermattet auf die Umrisse dessen, was einem Sofa nicht ganz unähnlich war, nachdem ich einen zerknüllten Berg aus Quittungen, zwei Schals, eine Wolldecke, mehrere leere Plastiktüten und einen wilden Haufen unterschiedlich gemusterter Kuschelsocken beiseite geschoben hatte.

Glücklicherweise hatte ich für die kommende Nacht in weiser Voraussicht ein Zimmer in einem mir bekannten Hotel ganz in der Nähe reserviert. Ich hatte geahnt, dass ich keinen Wert darauf legen würde, in Lenas Bude zu nächtigen.

Es handelte sich um ein schlichtes Hotelzimmer in einem Altbau mit hohen Decken. Auf Lenas Sofa erfasste mich die Sehnsucht nach der nüchternen Kühle, die das weiß getünchte Gemäuer ausstrahlte, mit ungeahnter Wucht. Ich beschloss, mich im wahrsten Sinne des Wortes aus dem Staub zu machen und Lena erst wieder zum Abendessen in einem Restaurant zu treffen.

Bevor ich die Wohnung verließ, entspann sich vom Sofa aus aber noch folgender Whatsapp-Dialog zwischen Lena und mir.

Sophie: OMG, gut dass du mich vorgewarnt hast!!!!😩
[17:57:32]

Lena: :D
[18:02:48]

Lena: Obwohl ich ja finde du übertreibst jetzt
[18:03:08]

Sophie: Nee, du hast dich einfach an ein Grundelend gewöhnt…
[18:03:50]

Lena: ??:D
[18:04:01]

Lena: Im Grunde sind doch nur 3 Sachen unaufgeräumt: mein Wäsche Ständer, der Krims Krams auf der Couch und mein Kleider Berg Stuhl im Schlafzimmer

[18:04:50]

Lena: Und sonst nichts was man nicht in 20 Minuten aufräumen könnte

[18:05:07]

Lena: :D

[18:05:08]

Lena: Oh und klar die Bilder aufm Boden

[18:05:17]

Lena: Aber ich weis halt nicht wohin mit denen

[18:05:28]

Lena: Die müssen so angeordnet irgendwo liegen bleiben

[18:05:39]

Lena: Bzw ich glaube ich bin auch an Studenten Wohnungen gewöhnt

[18:06:23]

Lena: Ich meine alles was ich sehe Alinas WG, oder die von Anja

[18:06:36]

Lena: Alle schlimmer und das ist dann für die ‚aufgeräumt'
[18:06:55]

Sophie: Sind Schlampen! Morgen machen wir einen Putztag. Und morgen Abend kannst du vorher-nachher Fotos machen, dann verschickst du die 😉
[18:08:02]

Lena: Hä Mama ich Finds echt nicht so schlimm :D für Studenten Wohnung
[18:08:40]

Lena: Da gelten andere Standards!
[18:08:46]

Sophie: Haha, ist das ne eigene Spezies?
[18:09:13]

Lena: Ja
[15:09:27]

Lena: Der millenial
[18:09:30]

Wie den Ausführungen zu entnehmen ist, hatte ich in diesen schicksalhaften Minuten den Entschluss gefasst, den nächsten Tag, den ich frei genommen hatte, in einen gemeinsamen Mutter-Kind-Putztag umzuwandeln. Eigentlich hatte ich im Kaufhaus des Westens Geld für schöne, aber nicht dringend benötigte Dinge ausgeben wollen. Egal. Lena muss meine Entschlossenheit gespürt haben, denn sie stimmte sofort zu.

Der nächste Morgen begann, noch bevor wir die Feudel schwingen konnten, mit einer Art Großeinkauf im benachbarten Haushaltswarengeschäft. Denn – richtig: Es gab keine Feudel. Außerdem gab es auch kein Spülschwämmchen. Kein Spülschwämmchen! Dabei hatte Lena ihr Leben lang ein solches gelbes Schaumstoffdings mit einer dunklen, rauen Fläche fürs Grobe neben meiner Spüle liegen sehen. Hatte sie sich nie gefragt, wozu so etwas gut sein kann? An diesem Morgen überlegte ich kurz, ob es biologisch denkbar ist, dass sich kleine gelbe Spülschwämme auf der Netzhaut von Kindern, Teenies und Yuffas nicht abbilden, verwarf diesen Gedanken jedoch schließlich als wissenschaftlich nicht haltbar.

Wofür hielt Lena also all die Jahre das Spülschwämmchen in der Küche? Für SpongeBob ohne Arme und Beine? Und wie sollte dieser amputierte SpongeBob in meine Küche gekommen sein? Gestrandet an einer Spüle auf dem Heimweg nach Bikini Bottom, wobei ihm auch noch die Hose abhanden kam?

Ich hatte keine Zeit, länger darüber nachzudenken. Wir kauften Spülschwämmchen, Wischtücher, Mikrofasertücher, Spüli, WC-Reiniger, Glasreiniger, Allesreiniger, Kalkreiniger und was die ambitionierte Facility Managerin sonst noch so alles brauchen kann. Und wir legten los. Aber wie!! Lena war wie entfesselt von den Möglichkeiten, die sich allein aus dem Abstauben von Möbeln ergaben. Auf einmal sah man wieder *Farben!*

Wir hatten fast alles geschafft. Die Wohnung blitzte und funkelte wie in einem »Schöner Wohnen«-Heft; ich sah die Überschrift direkt vor Augen: »Schmucker Studententraum in der Hauptstadt«. Wir waren fertig bis auf das Reinigen und Entkalken der gläsernen Duschwand, die inzwischen vollkommen blickdicht war und so weiß wie der Muschelkalk am Strand von Bikini Bottom. Meine Tochter meinte, sie sei selber tief betroffen vom Zustand der Duschwand, aber sie wisse nicht, wie man die Glaswand sauber kriege.

Oh Mann, ausgerechnet eine Yuffa, die sich im Internet bewegt wie in ihrem natürlichen Element, hat dort noch nie einschlägigen Rat gefunden? Ich meine, im Netz gibt es Tutorials, wie man Glas einfärbt, wie man Glas schneidet, sogar, wie man ein Glasauge einsetzt. Aber wie man eine Duschwand aus Glas reinigt, das ausgerechnet steht da nicht drin?

Ich duschte hinter der zugekalkten Duschwand noch schnell Schweiß und Staub ab, die sich während der acht zurückliegenden Stunden zu einer festen Klebeschicht auf meiner Haut verbunden hatten, dann musste ich mich eilig auf den Weg nach Frankfurt machen. Noch im Türrahmen rief ich: »Und die Duschwand machst du morgen noch sauber mit dem Kalkreiniger und einem Putzschwämmchen.«

Was soll ich sagen. Schon am nächsten Vormittag empfing ich folgende Messages:

Lena: Mama Mamas
[11:39:10]

Lena: !
[11:39:11]

Lena: Ich habe gestern meine Dusche mt dem Kalk Ding sauber gemacht!

[11:39:30]

Lena: Die ist ganz sauber !!!

[11:39:34]

Lena: Wie richtiges Glas!

[11:39:43]

Lena: Ich bin so schockiert

[11:39:47]

Lena: Du glaubst nicht wie oft ich da schon verzweifelt mit glasreiniger rabbit

[11:40:04]

Lena: Ran bin

[11:40:08]

Lena: Bevor ich den Zustand akzeptiert habe

[11:40:15]

Lena: Bestimmt 6 mal

[11:40:19]

Lena: :D

[11:40:20]

Lena: Ich bin die so dankbar
[11:41:21]

Lena: Ich fühle mich so wohl in der Wohnung du hast recht
[11:41:30]

Na, wenn man helfen kann. Immer gerne.

Ich habe mich nach dieser Großtat beim Deutschen Hausfrauenbund um den Goldenen Spülschwamm am Bande beworben.

Ich warte noch auf die Gewinnbestätigung und den Preis in Form einer lebenslangen Versorgung mit nachhaltigen, umweltschonenden Reinigungsmitteln von glücklichen freilaufenden Bio-Zitronen.

Was ist dagegen schon ein Besuch im Kaufhaus des Westens zum Erwerb schöner, aber nutzloser Dinge?

# 6 Über die Schönheit verheulter Augen oder: Yuffas und ihre Flirts

*Paul erzählt …*

Vater, der, männlich: Fürsorgendes Mitglied der Familie, das darauf bedacht ist, seine Kinder vor allem Unbill zu beschützen... vor allem, wenn die Tochter sich zu einer hübschen, jungen Frau entwickelt. Schon als Vater eines weiblichen Teenies kommt man irgendwann nicht umhin, zu merken, dass Jungs im ähnlichen Alter wie die eigene Tochter ums Haus schleichen und ihr Avancen machen.

Um Tamara auf diese ersten Phasen des Verliebtseins und der Zuwendung zum anderen Geschlecht vorzubereiten, habe ich meine Tochter an einem ruhigen Abend aufgeklärt. Nein, nicht über die Sache mit den Blümchen und den Bienen, der Teil der Geschichte war ihr bereits geläufig. Sondern über die ganzen Tricks, Kniffe und vor allem Sprüche, die ich selbst angewandt habe, um die Mädels rumzukriegen (zu was auch immer).

Ich erzählte ihr von den gängigen Komplimenten über schöne Augen, die geheimnisvoll glänzen wie ein tiefblauer See (oder wahlweise ein Smaragd oder ein Topas oder Bernstein). Über ihre Spitzenfigur, das atemberaubende Kleid und einen ganz tollen Charakter – denn letztlich zählen die inneren Werte -, über ihre Einzigartigkeit auf dem ganzen Erdball und ihre seidigen Haare. Ich ließ Tamara wissen, dass Jungs gerne so was sagen wie »So verliebt war ich noch nie«, »Ich musste den ganzen Tag an dich denken«. Oder: »Seit ich dich kenne, sehe ich kein anderes Mädchen mehr an« oder »Wenn du mit mir gehst, bin ich der glücklichste Junge auf Erden«. Und ich warnte sie ernsthaft: »Fall! Nicht! Drauf! Rein!«

Da hat sie schon mal eine Basis, dachte ich mir und war mit mir sehr zufrieden. Zwar mag sich die Wortwahl im Wandel der Zeiten auch ändern; heute sagt man zum Beispiel nicht mehr: »mit jemandem gehen«, sondern man klärt irgendwann den Beziehungsstatus (das nennt sich »define the relationship«) und ist dann zusammen oder auch nicht. Aber im Kern bleibt die Strategie von Jungs und Männern in der Balzphase doch zeitlos aktuell. Außerdem handelt es sich bei einem solchen Vater-Tochter-Gespräch um eine vertrauensbildende Maßnahme, die der Beziehung gut tut.

Insgesamt wurde ich nach und nach gelassener. Allerdings bemerkte ich mit der Zeit, dass man als Vater das ganze Ausmaß der amourösen Verstrickungen sowieso immer erst hinterher bemerkt, durch Zufall oder durch Andeutungen von Nachbarn oder Freunden.

Tamara pflegt nämlich von jeher die Angewohnheit, nur dann von den Chancen beim anderen Geschlecht zu berichten, wenn noch gar nichts gelaufen ist. Sie erzählt nur von ihren Flirts, was danach geschieht, behält sie erst mal für sich. Die Absicht ist klar: Der Vater fühlt sich eingeweiht und weiß doch nie, was vor sich geht. Diese Angewohnheit behielt sie auch als Yuffa konsequent bei.

Zum Beispiel an dem Tag, an dem wir Tamara am Frankfurter Flughafen verabschiedet haben, da sie für ein Jahr ihre erste Au-pair-Stelle in den USA antrat. Kaum war sie im Flieger, da kam auch schon eine digitale Nachricht:

> Tamara: Hahaha 2min alleine und schon den ersten flirtversuch
>
> [06:49:31]

Sophie: Guten Flug😄 und geh nicht mit fremden Männern mit
[06:50:57]

Tamara: Danke 😊 ja ich geb mein bestes 😇
[06:51:21]

Tamara: Außer es wäre Justin bieber oder Channing Tatum dann denk ich vielleicht nochmal drüber nach 🤪
[06:51:41]

Paul: Vergiss es – die wollen alle nur deinen Körper- aber die Seele 😇 ist ihnen vollkommen egal😊 – ach was Hau rein. Hdgdl[1] Papa
[07:13:25]

So gelassen gab ich mich! Wie cool ist das denn!

Und so ging es weiter, auch beim anfänglichen Sprachkurs in den Staaten.

Paul: Welcome to the Land of the brave – sms kurz wenn du an der Schule bist😃♡
[21:47:09]

Tamara: Alter was laufen hier bitte für hübsche Typen rum
[21:47:30]

1 Hdgdl: Hab dich ganz doll lieb

Paul: Hallo Finger weg – jetzt
kommt erst mal der Job

[21:48:09]

Tamara: Jaaaaa 😇

[21:48:20]

Pit: Oh mein Gott 🙄

[21:54:48]

Pit: Ganz Die Mama🤪

[21:54:53]

Tamara: 🙄

[22:09:42]

Anna-Elisabeth: Halt dich raus Pit.
Davon hast du keine Ahnung 😘

[22:11:00]

Tamara: Hihi😇

[02:59:52]

Sie lernte in diesem Jahr in den USA noch viele attraktive Männer kennen – Soldaten aus der Army in weißen Ausgehuniformen, Promoter, die sie in die angesagtesten Clubs brachten, Rap-Stars mit Chart-Erfolgen und dicken Autos, die Tamara bei Aufnahmen fürs nächste Musikvideo kennenlernte.

Papa blieb ruhig, denn anscheinend brach keiner dieser Kerle das Herz der Tochter. Ich vertraute darauf, dass sie die jungen Männer auf Abstand hielt – schließlich hatte ich sie mit meinen weisen Ratschlägen aufs Leben und die Liebe vorbereitet.

Tamara kam aus den USA wohlbehalten zurück. Da sie aber das Reisen liebt, vorzugsweise auf andere Kontinente, entschied sie sich nach einem kurzen Aufenthalt in Deutschland, einen weiteren Au-pair-Job anzunehmen – aber diesmal auf der anderen Seite unseres Planeten, in Sydney, Australien.

Die Geschichte neigt dazu, sich zu wiederholen. Auch in diesem Fall. Dieselbe Location: der Frankfurter Flughafen. Mama, Stiefmama, Bruder und Papa sind zur Verabschiedung vor Ort – auf zu neuen Ufern. Kurz darauf pingt es.

> Tamara: Danke ihr süßen dass ihr heute alle da wart! Ich musste gegen Ende echt heulen und musste mir die ganze Zeit die Tränen unterdrücken.. ich hab euch alle sooooo lieb und wir sehen uns im August wieder! ♡♡♡
>
> [09:32:24]

> Tamara: mir hat gerade jemand ein Kompliment über meine Augen gemacht obwohl ich aussehe als hätte ich 10 Tage gekifft
>
> [09:32:35]

Bei mir schrillen die Alarmglocken – aber warum nicht bei ihr? Hat sie die Warnung vor dem Anmachversuch aus der obersten Schublade, nämlich dem Kompliment für die schönen Augen, etwa vergessen?

Ping.

Tamara: Update: neben mir sitzt ein heißer Australier im Flugzeug holla
[09:42:40]

Paul: Warum wundert mich das Update jetzt nicht 😳
[09:43:01]

Wieder erfahre ich nicht, ob mit dem Australier noch was lief. Australien ist riesig, vermutlich lebte der Sitznachbar ein paar Tausend Kilometer von Sidney entfernt. Ein einziges Mal meldete sich Tamara aus Australien mit Bekenntnissen zu einer verflossenen Liebschaft, und das nur aus Neugier:

Tamara: Hahahaha Leute bei bachelorette spielt einfach ein Typ mit mit dem ich mal was hatte
[14:18:26]

Tamara: Hahahha
[14:18:27]

Tamara: Falls ihr es schaut müsst mir mal nach einem Frankie Ausschau halten
[14:19:03]

Ich verstehe bis heute nicht, wie »Deutschland sucht den Superstar« (man singt um die Wette), »Germanys next Topmodel« (man posiert halbnackt um die Wette), der Bachelor (man balzt um die Wette) und andere Casting-Shows so großen Zuspruch erfahren können, vor allem auch unter den Yuffas. Aber das nur am Rande. Tamara blieb hartnäckig am Thema dran.

Tamara: Schaut jemand von euch bachelorette?
[15:44:18]

Paul: Nö
[15:45:53]

Paul: So tief sind wir noch nicht gesunken 😆
[15:47:14]

Tamara: Oh man bitte guckst mal und berichtet mir von nem Typ der Frankie heißt
[15:49:39]

Paul: Mal sehen
[15:50:01]

Tamara: Mit dem hatte ich mal was und will wissen wie weit er kommt
[15:54:19]

Tamara: Haha
[15:54:21]

Tamara: Deer
[15:55:21]

Paul: So weit wie er bei dir kam...?
😂
[15:55:22]

Tamara: Lol erste runde raus
[15:55:32]

Tamara: Hahahahaha
[15:55:35]

Also eine Affaire, die komplett an mir vorbeigegangen war. Es freute mich, dass der Typ in der Show nicht viel weiter kam als bei meiner Tochter.

Wieder zuhause in Germany, geht der Reigen fröhlich weiter. Tamara lebt inzwischen in Berlin und jobbt dort.

Tamara: Ey Pit
[10:37:21]

Tamara: Kennst du einen Vincente
[10:37:25]

Tamara: *vincent
[10:37:29]

Pit: Ja
[10:37:34]

Tamara: Ist ein Photograph
[10:37:35]

Pit: Weiß
[10:37:36]

Pit: Lass die Finger weg
[10:37:52]

Tamara: Hat mir über insta geschrieben
[10:37:57]

Pit: Also Fotos kannste machen
[10:37:58]

Tamara: Ne der ist eh nicht mein Typ haha
[10:38:06]

Pit: Aber geh nicht an seine Kamera dran 😏
10:38:07]

Pit: Aber mach Fotos mit ihm
[10:38:13]

Pit: No joke
[10:38:15]

Pit: Der macht das gut
[10:38:18]

Tamara: Spasti hahaha

[10:38:19]

Tamara: Ja seine Fotos sind richtig gut

[10:38:26]

Tamara: Was soll ich sagen wenn er fragt ob wir uns mal treffen wollen

[10:38:44]

Tamara: Weil ich glaube das hat er mir gerade geschrieben hahaha fuck

[10:39:28]

Sophie: Wie wär's denn mit einem Nein zum Treffen? Das Wort kommt im deutschen Wortschatz durchaus vor

[10:46:35]

Sophie: Haha, Rat von der sauertöpfischen Stiefmutter 😀👍

[10:47:15]

Tamara: Hahaha aber wird voll peinlich falls ich den auf Events treffen sollte

[11:20:47]

Tamara: Scheißöööööö
[11:22:44]

Tamara: Es ist ja eigentlich nur freundlich gemeint
[11:22:53]

Sophie: Nee klar.
[11:30:16]

Tamara: Hahaha
[11:30:32]

Frank Zappa hatte einfach recht, als er den Song schrieb: »The torture never stops«[1] – ob er dabei an seine beiden Töchter und zwei Söhne dachte, ist allerdings nicht überliefert.

Und so richtete sich mein Fokus als besorgter Vater in all den Jahren nach der Tochter aus, um sie vor den Tricks junger Männer zu schützen, die ich, wie gesagt, aus eigener Erfahrung zur Genüge kannte.

Deshalb traf mich der Hammer umso härter, als der ultimative Schock plötzlich aus der Richtung meines Sohnes kam:

Pit: Leute
[10:52:00]

Pit: Ich will so einen Test machen wo man sehen kann ob man Aids hat aber ich weis nicht wo. Was soll ich machen?
[10:52:23]

---

1 »Die Qual hört niemals auf«

Tamara: Oh Jesses Pit
[10:59:18]

Tamara: Wieso willst du das wissen
[10:59:24]

Pit: Nein
[10:59:44]

Pit: Keine Angst
[10:59:46]

Pit: Habe nix
[10:59:48]

Pit: Aber will ohne Kondom 😭
[10:59:53]

Tamara: Und du kannst nicht testen OB du es übertragen kannst sondern nur ob du es hast
[10:59:53]

Tamara: Übertragen kannst du's immer wenn du's hast
[11:00:06]

Tamara: Wegen Freundin also??
[11:00:13]

Tamara: LOL

[11:00:16]

Paul: Das nennt sich Aids-Test und wird vom Arzt gemacht mittels Blutentnahme

[11:00:25]

Pit: Was redest du?

[11:00:27]

Pit: Danke Papa

[11:00:33]

Tamara: Wer? Was?

[11:00:40]

Pit: Will einfach wissen ob das von meiner Seite aus geht

[11:00:45]

Tamara: Achso

[11:00:51]

Tamara: Teste Freundin aber auch

[11:00:55]

Pit: Ja klar

[11:01:00]

Pit: Papa
[11:01:38]

Pit: Kann ich einfach sagen ich will das machen?
[11:01:47]

Tamara: Ja ruf dort an und mach einen Termin
[11:02:44]

Paul: Das ist was ganz normales und innerhalb von ca.10 Tagen hast du das Ergebnis – viel wichtiger ist die Frage: wie wollt ihr dann 😳 verhüten?
[11:25:25]

Tamara: Pille wahrscheinlich
[11:25:46]

Pit: Ja
[11:29:54]

Pit: Aber mein dulli will auch mal die Höhle besuchen ohne Schild
[11:30:08]

Anna-Elisabeth: Oh mein Gott...😩
[11:56:25]

Anna-Elisabeth: Pit sie vergisst bestimmt ständig die Pille zu nehmen. Bist du wahnsinnig. Hilfe ich werde bald Oma😳
[11:57:29]

Tamara: Och nööööö
[11:59:04]

Ich bete eher selten, aber diesmal faltete ich meine Hände und bat den lieben Gott inständig, mir meine Jugendsünden zu verzeihen. Bitte bitte, lass mich nicht frühzeitig Opa werden, nur weil der Dulli die Höhle ungeschützt besucht hat!

Ich werde mich auch in Liebesdingen ab sofort immer anständig benehmen.

Sophie, die mein Stoßgebet mitbekam, kommentierte nur trocken: »Das will ich auch hoffen. *Ich* jedenfalls wische *deinem* Enkelkind nicht den Hintern ab.«

# 7 Schampus, Show und Schüttelfrost

*Sophie erzählt…*

Roter Teppich in Berlin.

Im Blitzlichtgewitter: Diane Kruger. Die Schiffer. Arnie Schwarzenegger.

Ich nippe an meinem Schampus-Glas und beobachte von der Galerie aus, wie ein Schwarm von Fotografen die Reichen, Schönen und ganz schön Reichen belagert, die immer wieder ein paar Meter gehen, dann in gekonnter Pose stehenbleiben und professionell lächelnd ihre makellosen Zähne zeigen. »Claudiaaaa – Claudiaaaa« rufen die Jungs mit den Kameras im Anschlag und überschreien einander, damit das Supermodel direkt in ihre Monster-Objektive strahlt. Die Fotografen sind in leichte Kampfanzüge gekleidet und scheuen auch ein gelegentliches Tackling nicht. Harter Job.

Ich gebe mir Mühe, hinreichend mondän auszusehen. Und lässig. Über die Kollegin eines befreundeten Fernsehsenders habe ich ein Ticket für die Bambi-Verleihung ergattert und lasse mir das Erlebnis natürlich nicht entgehen.

Besagte Kollegin gesellt sich zu mir, und wir greifen uns noch ein Champagnerglas von den allseits angereichten Tabletts, bevor wir durchs Stage Theater flanieren.

Wir sehen sehr dünne Models mit sehr viel älteren Männern mit wenig Haaren.

Wir sehen sehr dünne Frauen in einem Alter, in dem die Kleidergröße 34 nicht mehr gottgegeben ist. Ich ziehe unwillkürlich den Bauch ein, es könnte sogar sein, dass mein Blick auf die handbreiten Hüften der Damen etwas Neidisches an sich hat. Da sagt meine Kollegin: »Stell dir vor, wieviel Stunden beim Personal Trainer die investieren müssen.«

Dankbar spinne ich den Gedanken weiter: »Und wieviel Salate, angemacht mit Wasser und Zitronensaft, die verzehren müssen, bis sie diese sehnigen Arme haben.« Eine der sehr dünnen Frauen lässt gerade ihre Klunker-Armbänder am knochigen Handgelenk klimpern.

Wir kommen zu dem Ergebnis, dass solcherlei Opfer für Kleidergröße 34 übertrieben sind, und greifen uns etwas Krabbenhaftes von dem leckeren Fingerfood, das in diesem Moment auf einem Tablett vorbeischwebt.

Gemeinsam stellen wir zudem fest, dass die meistfotografierten Frauen an diesem Abend jenseits der 40, einige sogar jenseits der 50 sind, und finden dies prinzipiell sehr tröstlich.

Claudia Schiffer, Barbara Schöneberger, Iris Berben: Go ahead! Das junge Gemüse muss noch reifen, um an euch heranzureichen.

Wir sehen zwei sehr junge, sehr blonde Zwillingsmädchen mit niedlichen Zahnspangen, die augenblicklich von Fotografen umlagert werden. Wir sind irritiert. Der Abend wird lang; müssen die morgen nicht in die Schule??

»Kennst du die?«, flüstert mir meine Kollegin zu.

Ich schüttle den Kopf und stelle eine Theorie auf: »Vielleicht wurde ja »Hanni und Nanni« neu verfilmt?«

Meine Kollegin nickt, das klingt plausibel und würde auch erklären, warum die Zahnspangen-Mädels und ihre offensichtliche Karriere bisher an uns vorbei gegangen sind.

Gemeinsam stellen wir fest, dass Stargast Hugh Jackman tatsächlich noch besser aussieht als auf der Kinoleinwand.

Und der Kerl ist auch wirklich knapp 1,90 Meter groß, während Typen wie Richard Gere oder Tom Cruise in der Realität ja auf sehr handliche Größen zusammenschrumpfen. Also, wie gesagt, Hugh Jackman sieht echt toll aus… (Sorry, aber die nächsten zwei Sätze hat mein Mann zensiert.)

Außerdem erklingt gerade der Gong, und wir suchen gehorsam unsere Plätze auf. Die Show wird live im Ersten übertragen, da kommt man nicht zu spät und stresst die Aufnahmeleiter, die sich ansonsten fragen würden, ob sie die leeren Plätze nachbesetzen müssen.

Minuten später, die Show beginnt. Während Helene Fischer in einem knappen Glitzertrikot und silbernen Overknees gewohnt akrobatisch und mit vollem Körpereinsatz die Gala eröffnet, fällt mir siedend heiß die Frage ein, ob ich einen Ersatzstrumpf mitgenommen habe.

Mit einem Ersatzstrumpf verhält es sich wie mit einem Regenschirm: Hat man ihn dabei, passiert nichts. Die Strümpfe halten, das Wetter hält. Hat man ihn nicht dabei, sind Katastrophen programmiert.

Also krame ich panisch in meiner Clutch, wobei es nicht viel zu kramen gibt. Das Packen einer Clutch hat strategisch sehr viel Ähnlichkeit mit Tetris-Spielen in der dreidimensionalen Variante: Nur bei optimaler Ausnutzung des lächerlich geringen Volumens passen die notwendigsten Objekte hinein – Handy, Lippenstift, ein winziges Portemonnaie, ein Puderdöschen mit integriertem Klappspiegel, zwei Tempos, die Eintrittskarte, die Miniatur-Ausgabe eines Kammes, dessen dünne, ziepende Zinken man seinen Haaren sonst niemals zumuten würde, ein Strumpf. Ende. Eine Clutch ist die sehr unpraktische Version einer Handtasche, vor allem bei gesellschaftlichen Ereignissen der gehobenen Kategorie, an denen man am liebsten die große Volumenbürste, Haarspray, die Lidschattenpalette mit 32 Farben, den Lippenkonturenstift, das Rouge samt abgeschrägtem Pinsel, den Mascara und bequeme Stretch-Ballerinas für den Heimweg mitnehmen würde. Leider wäre dafür ein Rucksack vonnöten, und ein Rucksack zum Abendkleid sieht definitiv doof aus. Also bleibt es beim Tetris.

Ich sehe mit einem Blick, dass ich den Ersatzstrumpf dabei habe. Puuh – Erleichterung.

Aber ich höre auch etwas: Es pingt.

Gottseidank habe ich die Clutch gerade auf dem Schoß und daher mein Handy in Reichweite. Ich stelle es erstmal reflexartig auf stumm und bemerke dankbar, dass die ein, zwei Gläschen Champagner meine Reaktionsfähigkeit noch nicht beeinträchtigt haben. Helene gibt gerade mit ihren Tänzern auf der Bühne alles, stimmlich und physisch, und hat nichts gehört.

Dann sehe ich die WhatsApp-Nachricht an. Lena.

Lena: Meine Fingerkuppen fühlen sich pelzig an

[20:30:19]

Eine leise egoistische Stimme in mir sagt: »Bitte, nicht heute Abend!!«

Aber ich beruhige mich gleich wieder. Die Nachricht klingt ja noch glimpflich, verglichen mit Lenas sonstigen medizinischen Notrufen.

Außerdem ist sie gerade vom Besuch einer Freundin aus Philadelphia zurückgekommen. Bestimmt nur der Jetlag.

Ich schreibe eilig und in der gebotenen Kürze zurück.

Sophie: Vielleicht nur Kreislauf durcheinander
[20:30:27]

Sophie: Geh heute früh schlafen!
[20:30:33]

Entspannt folge ich dem Bühnengeschehen.

Monika Gruber in knallroter Robe erhält den Bambi im Bereich Comedy und teilt kräftig aus: »Wenn wir endlich unsere Zeit nicht mehr verschwenden würden mit so 'ner Heidi-Klum'schen Kleine-Mädchen-Gehirnwäsche und uns endlich mal zusammentun würden, dann sage ich euch, Mädels: Wir könnten den Laden rocken.«

Wow. Eine Power-Frau. Und Power-Frauen altern nicht, sie gewinnen an Wert, außerdem an Selbstbewusstsein, Unabhängigkeit und Gelassenheit.

In diesem Moment legt Lena nach.

Ok, ich gebe zu, ich habe das stummgeschaltete Handy noch in der Hand. Obwohl ich es natürlich hätte ganz ausmachen sollen. Aber wenn doch ein Notfall droht?

Also sehe ich die Nachricht, auch ohne Ping.

Lena: Aber ich habe Fieber
[21:25:02]

Lena: 38,7
[21:25:10]

Oha. Das mütterliche Kümmer-Gen springt sofort an.

> Lena: Und btw[1] ich habe Halsweh und Schüttelfrost
>
> [21:27:15]

> Lena: Und mein Fleisch ist sehr sehr warm.
>
> [21:27:19]

Auf der Bühne schmettert jetzt Rita Ora den Titel »Your song«. Sie trägt eine nudefarbene Glamour-Robe und, wie später in den VIP-Portalen im Internet zu lesen sein wird, »traumhafte Statement-Ohrstecker«.

Derzeit habe ich mit den zunehmend dramatischen Statements meiner Tochter über ihre Ohren genug zu tun.

> Lena: Dazu schnupfige Nase
>
> [21:45:11]

> Lena: Und Zune Ohren
>
> [21:45:15]

Habe ich vorhin was von Gelassenheit gefaselt?

Damit ist es vorbei. Mein Kind ist krank. Das Kümmer-Gen setzt seine ganze Energie frei. Eine leise Stimme meldet sich in mir und mahnt, das Kind brauche nun die mütterliche Nähe, Wadenwickel, liebende Fürsorge und ganz viel Pfefferminztee.

»Schließlich bist du gerade in Berlin!« flüstert die Stimme,

1 btw: by the way (übrigens)

und ich erkenne, dass eine zweite Schatten-Sophie neben mir auftaucht wie in der Lenor-Werbung aus den 70er Jahren.

Sie hat ja recht. Ausnahmsweise liegen an diesem Abend nur ein paar Kilometer Luftlinie zwischen mir und meiner Tochter. Ist das nicht ein Wink des Schicksals?

Noch versuche ich gegen die Lenor-Schattenmutter anzukämpfen. Und wie schlechte, Vollzeit arbeitende Rabenmütter das nun mal tun, bemühe ich mich, persönliche Nähe und Wärme durch materielle Dinge zu ersetzen, in diesem Fall durch die die Auflistung einer ganzen Reihe pharmazeutischer Produkte, die ich meiner Tochter zu konsumieren empfehle, eine Liste, die jedem verkaufstüchtigen Apotheker Ehre machen würde.

Sophie: Du brauchst Lutschtabletten für den Hals, sowas wie Lemoncin, und Nasenspray, Nase immer freihalten!!

[21:45:25]

Sophie: Und Paracetamol gegen das Fieber.

[21:45:55]

Sophie: Oder Ibuprofen, das hilft auch gegen Entzündung, aber nicht beides zusammen

[21:46:10]

Sophie: Und Ohrentropfen

[21:46:53]

Sophie: Und morgen Arzt!!
[21:47:02]

Überflüssig zu sagen, dass Lena trotz ihrer ausgeprägten Hypochondrie kaum eines der empfohlenen Medikamente in ihrer Hausapotheke hat.

Leider habe ich inzwischen kaum noch Augen und Ohren für Kai Pflaume, der gerade den Publikums-Bambi als bester Moderator erhält.

Die Lenor-Schatten-Sophie drängt sich einfach immer dazwischen. Ihre Miene verliert inzwischen alles Nachsichtige und wird hart wie Stein. Sorry, Kai.

Lena, die Gnadenlose, dreht jetzt richtig auf.

Lena: Ich habe auch lange nichts gegessen
[22:12:38]

Lena: Ich habe Angst zu verhungern
[22:12:58]

Lena: :D
[22:13:05]

Lena: Und es nicht zu merken
[22:13:12]

Lena: Mama was wenn ich ne Hirnetzündung habe
[22:13:35]

Die Schatten-Sophie schlägt inzwischen mit ihrer Lenor-Flasche auf mich ein.

Die Spots und tanzenden Lichter verschwimmen vor meinen Augen zu einem einzigen vielfarbigen Flirren.

Ich kann mich nicht länger wehren.

Nun werde ich das Finale mit Tom Jones verpassen.

Und egoistisch, wie ich bin, denke ich wehmütig an die After-Show-Party, an die Tanzfläche, den Champagner und ja, auch ein bisschen an Hugh Jackman.

Schon neigen sich meine Finger über die Handy-Tastatur, um den schicksalhaften Satz zu schreiben: »Mein kleiner Schatz, ich komme!!!«

Da gewinnen meine Finger ganz plötzlich ein Eigenleben und ich sehe, wie stattdessen folgender Satz auf dem Display erscheint:

> Sophie: Hast du schon mal Paul
> gefragt?
> [22:23:15]

Na und? Schließlich ist er der Sanitäter!

Er ist die Notrufzentrale in unserer Patchwork-Familie!

Und ich weiß, dass er zuhause ist und live den Bambi schaut!

Von meiner Tochter kommt nur noch ein knappes

> Lena: Ok
> [22:29:13]

Dann ist Ruhe.

Danke, Paul.

Der Abend wurde dann noch sehr nett.

Lena hatte übrigens doch keine Hirnhautentzündung.

Am nächsten Morgen ist ihr Fieber verschwunden und wir treffen uns in einem netten Café zum Brunch.

Ich frage sie, ob sie vielleicht die blonden Zahnspangen-Zwillinge kennt.

Und sie lacht mich aus, sie kriegt sich gar nicht mehr ein vor Lachen!

Ich erfahre von meiner Tochter, dass es sich bei dem Mädchendoppel um Lisa und Lena handelt, geboren im Jahr 2002 bei Stuttgart, dass sie Web-Videos machen, in denen sie lippensynchron englischsprachige Songs »mitsingen«, und dazu eigene Choreos präsentieren. Und dass sie auf Instagram mehr als 10 Millionen Abonnenten haben.

10 Millionen! Mit Playback-Videos!

Ich schnappe mein iPhone, schaue rasch bei FlipFlop auf Youtube nach und sehe, dass mein Stiefsohn Pit die beiden schon auf den Videodays des Vorjahres in Köln getroffen hat.

Plötzlich komme ich mir doch sehr alt vor.

Meine Tochter muss mich trösten, bestellt mir noch einen Latte Macchiato und sagt, immerhin sei ich bereit, dazuzulernen.

Unser Abschied fällt sehr herzlich aus. Ich übergebe Lena einen großen Karton mit Medikamenten, die ich zuvor noch erworben habe, wobei dem netten, jungen Apotheker Tränen der Freude in die Augen stiegen.

»Dies ist nun deine erste Hausapotheke«, sage ich stolz und

bemerke kurz, wie die Schatten-Sophie neben mir auftaucht und mir versöhnlich zulächelt.

Dann holt mich ein großer schwarzer Wagen mit dunkel getönten Scheiben ab, um mich zum Flughafen zu fahren.

Nein, am Steuer sitzt kein Fahrer vom Limo-Service des Bambi.

Am Steuer sitzt der nette, junge Apotheker.

# 8 Don't drink and ride elephants oder: Yuffas und ihre Exzesse[1]

*Beide erzählen…*

Wir, die Älteren, machten unsere ersten Erfahrungen mit alkoholischen und sonstigen Exzessen in der Regel in eichegetäfelten Partykellern in den Elternhäusern anderer Pubertierender. Wir saßen auf Barhockern mit Rückenlehnen aus rustikal gedrechselten Stäben. Auf dem Bartresen stand Schnaps in niedlichen kleinen Holzfässern, die urig wirken sollten. Oder wir tranken spätnachts nach Partys der Eltern die Bowlenreste aus der großen geschliffenen Kristallglasschale und fischten die alkoholdurchweichten Pfirsichstückchen raus. Oder wir feierten in Garagen, wo wir mitgebrachten Alkohol wie Apfelkorn, Asbach Uralt und Bommerlunder in einen Eimer schütteten, genannt »Putzeimer«, und mit großen Schöpfkellen in Plastikbecher abfüllten. Bis wir selbst abgefüllt waren und in den Vorgarten der jeweiligen Eltern kotzten.

Unsere heutigen Yuffas tranken als Teenies beim Feiern in einsam gelegenen Grillhütten unsägliche Alkopops wie Bacardi Breezer, Lemon Ice, Wodka Lemon und anderes pappsüßes Zeug. Wir und die Teenies überstanden diese Phase tapfer. Wir holten die Kids um 4 Uhr früh aus den weitgehend verwüsteten Grillhütten ab und sie kotzten nach der Fahrt in unsere Vorgärten.

Wir halten fest: Die konsumierten Alkoholika änderten

1 Reite keine Elefanten, wenn du getrunken hast

sich, das Kotzen blieb gleich. Wie schön, dass nicht alles in der Jugendkultur vergänglich ist.

Auch Yuffas erleben noch ihre Exzesse, allerdings sind die Alkopops verschwunden, und auch eklige Sachen wie Apfelkorn und Asbach stehen nicht mehr auf der Liste ihrer bevorzugten Drinks. Der wesentliche Unterschied zwischen dem Rauschmittelkonsum von Teenies und Yuffas besteht aus Elternsicht darin, dass wir nicht mehr dafür *verantwortlich* sind, was unser Nachwuchs sich so einpfeift. Meistens kotzen sie auch nicht mehr in unsere Vorgärten, da sie ihren Rausch in der eigenen Bude ausschlafen. Daher entwickelt sich mit der Zeit ein entspanntes Verhältnis zwischen Eltern und Yuffas, was den Umgang mit Alkohol und anderen Alltagsdrogen angeht. Die Zeit der Gardinenpredigten und mahnenden Worte ist vorbei. Daher berichten unsere Yuffas in der Regel freimütig und voll Vertrauen auf unsere liberale Einstellung von der einen oder anderen Ausschweifung. Dies gilt vor allem für die Geschwister Pit und Tamara.

Nehmen wir etwa die Silvesternacht nach Tamaras Abreise in die USA, wo sie für ein Jahr als Au-pair arbeitete. Sie hatte an Silvester kinderfrei und verbrachte den Abend mit anderen Au-pairs spektakulär mitten in Manhattan im VIP-Bereich eines mondänen Clubs mit Dachterrasse und Blick auf die Skyline.

Pit feierte den Jahreswechsel deutlich rustikaler im Vereinsheim eines heimatlichen Pfälzer Sportclubs, in dem Wimpel, Wappen und allerlei Siegestrophäen die zweckmäßig gehaltene Einrichtung aufhübschten.

Wir, Sophie und Paul, hatten die vergangenen Silvester-Abende ruhig und daheim und mit diesen kleinen Tischknallern verbracht, aus denen nach dem wenig spektakulären Abbrennen der winzigen Lunte ein paar vereinzelte Plastikglücksschweinchen und Konfettis herausfliegen. Diesmal wollten wir es nicht bei Feuerzangenbowle im eigenen Wohnzimmer und den spärlichen Leuchtraketen aus Nachbars Garten bewenden lassen, die man von unserem Balkon aus beobachten kann. Wir wollten stattdessen mit Freunden dekadent feiern und begrüßten das neue Jahr in einer edlen Villa im Städtchen Königstein, gelegen im Taunus im sogenannten Speckgürtel von Frankfurt. Die Villa aus dem 19. Jahrhundert ist heute ein Luxushotel. Dort kredenzten Sterneköche Fine-de-Claire-Austern, an Rosmarin-Jus liegendes Iberico-Jungschweinfilet, gedünstete Kalbsbrust an Meerrettichschaum, umspielt von einem Duett aus Wasserkastanien und Jungspinat, und andere kulinarische Highlights. Wir genossen sie in den mit Lüstern und kostbaren Tapisserien reich verzierten Räumlichkeiten.

Der Chatverkehr, den wir hier dokumentieren möchten, begann um 23.08 Uhr mitteleuropäischer Winterzeit.

Pit: Wir sind grad in nem judoclub
[23:08:15]

Pit: Und ich hab n Pokal geklaut
und daraus Wodka gedrungen
[23:08:54]

Pit: Ich bin so besoffen und
[23:09:06]

Pit: Ohne Wirz Mann ich bin so hart
betrunken
[23:09:26]

Paul: Bei uns geht die Post ab in der Disco
[23:09:58]

Anna-Elisabeth : Patrick hab dir schon einen Eimer Wasser neben das Bett gestellt. Fröhliches Kotzen.
[23:21:08]

Pit: Oh Mama I love you I appriciat that
[23:23:26]

Tamara: Happy New Year from America
[00:00:15]

Paul: Happy New year
[00:02:02]

Paul: Bei uns tolles Feuerwerk im Park
[00:02:06]

Pit: Ich bin so hart besoffen Alter
[00:22:17]

Tamara: Pit wir fangen grade an unsere Riesling Schorle in Lemonade also in Limonadenbechern zu trinken
[00:24:44]

Tamara: Einfach nur damit wir nicht von den Bullen erwischt werden
[00:24:53]

Tamara: Bei uns ist gerade mal halb 7 bei uns geht es dann bald los
[00:25:04]

Pit: Bin sooooo besoffen
[00:27:10]

Tamara:
[04:16:17]

Paul: Alta, wo bissig
[04:36:25]

Paul: Bist du sollte das heißen
[04:36:45]

Tamara: Leute trinkt nicht mehr so viel
[04:37:18]

Pit: Bin Save am ätsch[1]
[04:37:29]

Tamara: Scheisse Papa nochmal bitte trink nich mehr soviel
[04:37:31]

Pit: 4:37
[04:37:40]

Pit: Muuuh
[04:37:43]

Tamara: Pit bis du am ätsch
[04:37:45]

Tamara: Alder bei uns gehts grad richtig ab
[04:37:50]

Tamara: Bei uns sind Typen von der Wall street Alter
[04:37:55]

---

1 Gemeint ist: »Bin sicher am Edge«, also an der Schwelle (zu Schlimmerem)

Tamara: Und ich habe direkten
Blik auf das Empire state builkding
wisst ihr wiewie geil das ist
[04.38:02]

Pit: Bin grad nach Hause gekommen
[04:38:49]

Tamara: In eineinhalb stunden ist
schon silvester
[04:38:51]

Paul: Ich bin komplett nüchtern. Es
ist jetzt halb 5
[04:38:59]

Sophie: wir chillen zuhause und es
war sehr schön in der Villa
[04:39:03]

Paul: Ich wünsch dir einen super
Rutsch ins neue Jahr,mit Sophie
natürlich. Hdgdl
[04:39:10]

Pit: 😂😂😂😂
[04:39:33]

Pit: So besoffen der dude
[04:39:41]

Pit: 👊😂
[04:39:43]

Pit: Mää ich bin so hart müde
[04:39:16]

Pit: Tamara ich hab dich auch ganz doll lieb. Dies däs du weisst wies läuft
[04:39:13]

Paul: Na dann schlaf gut mein Sohn
[04:39:19]

Pit: 🙏
[04:39:22]

Tamara: Leute free drinks bis um 1. Das ist mein vierter Woddka bei uns läufts gerade übelst
[05:39:53]

Tamara: Ich bin so besoffen Ey scheisse in 20 minuten haben wir Silvestdr!! Bin voll nüchtern
[05:40:02]

Tamara: Ich steh grad an der Toilete an ich hoff dass ich nicht auf dem Klo feier

[05:40:05]

Tamara: Aber Leute das ist so geil hier

[05:40:05]

Na, da hatte es das Mädchen doch nett in der Fremde, so ganz allein ohne Eltern, Stiefeltern, kleinen Bruder und großen Plüschteddy.

Wir wunderten uns zwar ein wenig, dass Tamara im Alter von zu diesem Zeitpunkt 20 Jahren im puritanischen Amerika an so viele Drinks herangekommen war, aber wir fragten lieber nicht nach. Offenbar waren die Sitten doch nicht so streng, wie es zunächst den Eindruck gemacht hatte. Ganz zu Beginn ihres Aufenthaltes hatte uns Tamara nämlich von Entzugserscheinungen berichtet:

Tamara: Woran merkt man dass man in Deutschland vielleicht doch zu viel Alkohol getrunken hat? Wenn man nach Amerika kommt, Halsschmerzen hat und ein Spray gegen Halsschmerzen bekommt auf dem 0,10% Alkohol steht. Und den ersten Gedanken den man hat: ich muss die Flasche einfach exen dann Merk ich vielleicht was 😅😅

[15:27:02]

Tamara: :D haha
[15:30:15]

Anscheinend wurden ihre Gasteltern bzw. Arbeitgeber schon in den ersten Wochen nach Tamaras Ankunft deutlich lockerer.

Tamara: Omg Leute bin betrunken Hahahaha
[05:21:44]

Tamara: Hab eben mit meinen Host Eltern zu viel Wein getrunken
[05:22:01]

Tamara: Und wars nicht mehr gewöhnt 😂😂
[05:22:13]

Anna-Elisabeth: Du warst scheinbar gestern ganz nett essen. Stimmt's?
[14:34:12]

Tamara: Haha ich war zweimal nett essen
[14:34:40]

Tamara: Und gehen in 2 Stunden schon wieder essen 😂😂
[14:34:50]

Tamara: Was ein lifestyle
[14:34:55]

Paul: Kleiner Tipp: nicht so viel trinken. Wie läuft's denn im Job?
[14:38:24]

Tamara: Ich hab nicht viel getrunken, wars nur nicht mehr gewohnt 😂
[14:39:03]

Paul: Effekt ist derselbe – bitte neu justieren😁🍷
[14:39:37]

Auch im Sommer gab es kühle Drinks im heimischen Umfeld.

Tamara: Bin angetrunken Hahahaha
[18:54:01]

Tamara: Meine Host Eltern sind die ganze Zeit am trinken
[18:54:15]

Tamara: Und wir haben nicht mal 13 Uhr
[18:54:22]

Tamara: Aber bei sowas bin ich gerne ein Mitläufer

[18:54:42]

Sophie: Muss echt ne Strafkolonie sein, du armes Wesen

[18:54:58]

Tamara: Ja ich weiß oder

[18:55:10]

Tamara: Runde Mitleid für mich bitte ✋

[18:55:20]

Anna-Elisabeth: Lass dich bitte nicht zum trinken verführen….😎

[19:16:30]

Paul: Wenn man an den heißen Stränden unter menschenunwürdigen Bedingungen Fronarbeit leisten muss, ist ein Bier oder ne Pina Colada schon mal gerechtfertigt🌴 🌵😎🎶

[19:54:01]

Tamara: Haha da hast du wohl recht 🌴😇

[19:54:29]

Tamara: Erstmal ein schönes Mittagsschläfchen halten

[19:54:48]

Wir fragten uns, wann Tamara eigentlich schmutzige Windeln wechselte, Kinder zur Schule oder zum Football-Training und wieder zurück chauffierte, mit Barbie-Klamotten und Matchbox-Autos übersäte Spielzimmer aufräumte oder sonstige Aufgaben verrichtete, die nach unserer Vorstellung zum Kern ihres Au-pair-Jobs gehören sollten.

Was war denn das für eine Familie, die mit ihrem Au-pair am Strand chillt und sich langsam und genüsslich zudröhnt? Vor unserem inneren Auge sahen wir vernachlässigte Kids mit Rotznasen in halbzerfetzten Windeln, die in einer kaum benutzten amerikanischen Riesenwohnküche verzweifelt nach irgendetwas Essbarem suchten.

Etwa ein Jahr später reiste Tamara zum Abschluss ihres zweiten Au-pair-Aufenthaltes, der sie nach Sydney in Australien geführt hatte, für drei Wochen nach Thailand. Sie machte auf ihrer Rundreise Bekanntschaft mit netten jungen Leuten, Elefanten und sehr preisgünstigen Cocktails.

Tamara: Okay Leute der Alkohol in Thailand haut rein haha
[17:15:01]

Tamara: Aber cooooooollll
[17:15:07]

Tamara: The day after und mir geht's schlecht
[07:39:54]

Sophie: Die Kater in Thailand hauen offenbar auch rein 🐱🐱
[09:23:21]

Sophie: Ist es nicht toll, die Kultur eines fremden Landes so rasch kennenzulernen ?
[09:24:04]

[11:40:59] Tamara: Ja es ist einfach soooo schön
[09:24:04]

Tamara: Wir sind mit Elefanten Baden gegangen
[11:41:43]

Tamara: Und sind mit ihnen durch den Dschungel gelaufen
[11:42:20]

Paul: Wie cool ist das denn – aber hat der Kater auch gebadet?🐘
[11:56:57]

Tamara: Ja aber der ist leider immer noch genau so dreckig wie vorher
[15:41:53]

Tamara: Kater bei dem Wetter ist nicht die beste Kombi for sure
[15:42:16]

Paul: Don't drink and ride elephants 🐘
[15:43:16]

Tamara: Hahahaha
[15:47:47]

Bisher war noch nirgends von Lena die Rede. Das liegt nicht etwa daran, dass sie dem Alkohol abgeschworen hat und immer um 22 Uhr ins Bett geht. Auch nicht daran, dass das Einzige, was sie in exzessiver Weise betreibt, ihr Studium oder ihr Job sei. Sie ist nur weniger mitteilsam als ihre beiden Stiefgeschwister und erzählt eher am nächsten Tag eine zensierte Auswahl ihrer nächtlichen Unternehmungen. Einmal allerdings zeigte sie nach einer Ausschweifung bittere Reue und Scham. Es ging dabei jedoch nicht um übermäßigen Konsum von Wodka Shots, sondern um die missbräuchliche Verwendung von Koffein-Tabletten. Diese hatte sie in größeren Gebinden geschluckt, um in einer Partynacht bis zum nächsten Morgen wach und fit zu bleiben.

Das Medikament tat immerhin seine Wirkung, indem Lena wach blieb. Leider stellten sich noch in derselben Nacht Herzrasen, extreme innere Unruhe und Kopfschmerzen ein. Diese Nebenwirkungen hätte sie sicherlich dem Beipackzettel entnehmen können, da stehen sie nämlich alle drauf, aber welche Yuffa liest schon beim exzessiven Feiern Beipackzettel? Das wäre ein völlig atypisches Verhalten für diese Spezies.

Nach dieser Überdosis konnte Lena noch einen Tag und eine weitere Nacht keine Minute schlafen und telefonierte verzweifelt mit ihrer Mutter (ja, in lebensbedrohlichen Ausnahmefällen tun sie es doch).

In den nächsten Tagen kam es zu folgender Konversation zwischen Mutter und Tochter:

Sophie: Hallo meine Süße, wie geht's dir denn heute😘
[12:02:07]

Lena: Super

[19:55:51]

Lena: Die Scham bleibt

[19:56:25]

Lena: 😂😂

[19:56:25]

Lena: Hab Mega unruhig geschlafen immernoch

[19:56:28]

Lena: Krank

[19:56:28]

Lena: Und ach ja krank bin ich auch geworden

[19:56:32]

Sophie: Also krank oder super? Bin verwirrt

[21:47:41]

Lena: Super war ironisch

[09:44:46]

Sophie: Tut mir leid😢 und schonst dich denn...?

[13:35:21]

Lena: Ja

[22:20:32]

Lena: Scheiss Koffein Überdosis leider immer noch.

[22:30:02]

Sophie: Aber künftig nicht mehr😀

[22:31:35]

Lena: Alter

[22:31:46]

Lena: Nein was denkst du

[22:31:50]

Lena: Das war so ein Schwachsinn

[22:31:55]

Lena: Und Mega sinnlos war ja nichtmal effizient

[22:32:05]

Lena: Also ich wurde ja nicht fit dadurch

[22:32:18]

Lena: Konnte ja nur nicht Pennen

[22:32:32]

Sophie: Und gräm dich nicht mehr wegen des Koffeinmissbrauchs, jeder macht mal dummes Zeug

[22:35:15]

Das Problem ist nur, dass mich die Kids in erster Linie als Koryphäe auf dem Gebiet der medizinischen *Fern*diagnostik in Anspruch nehmen. Nach dem Motto: Der Paul weiß, wie eine Herzmassage geht, also muss er mir auch direkt sagen können, wie man Hühneraugen und »so komische weiße Bläschen am Gaumen« kuriert. Doch leider würde auch der genialste Arzt an Grenzen stoßen, wenn er seine Diagnosen nur anhand von WhatsApp-Fotos in rudimentären Nachrichten stellen soll – und natürlich werden auch weiterführende Informationen zu Behandlung und Prognose erwartet.

Erschwerend kommt hinzu, dass sowohl Tamara als auch Lena, letztere in besonders dramatischer Form, hypochondrische Züge aufweisen. Wenn da also um 4 Uhr nachts so ein Notruf-Ping aus USA, Australien, Japan oder Indonesien reinkommt, kann es um Hirnhautentzündung, aber auch um reine Hirngespinste gehen. Das führt bei mir schon mal zu spontanen Panikattacken.

Natürlich erhält auch Sophie medizinische Notrufe von Seiten der Yuffas, denn wenn sie auch nicht den Nimbus des Profis aufweisen kann, den die Kids aufgrund meiner Zeit als Sanitäter nun mal mir zuschreiben: Da sie Nachwuchs großgezogen hat, kennt sich zwangsläufig aus mit dem Kurieren von grippalen Infekten, Bauchweh, Insektenstichen, gequetschten Zehen, Prellungen, Hirnerschütterungen, Sonnenstichen und Durchfall, dem Verschlucken nicht essbarer Gegenstände, eben den üblichen Verdächtigen der Pädiatrie.

Sophie und ich haben lange darüber nachgedacht, wie wir die Erfahrungen mit den vielen großen und kleinen medizinischen Notrufen unserer drei Patchwork-Kinder irgendwie in dieses Buch packen können. Wie sollen wir das alles sortieren: auf der Zeitachse? Pro Kind? Nach betroffenen Organen?

Wir haben uns letztlich entschieden, das umfassende Material in Form eines medizinischen Fachlexikons für den Umgang mit Yuffas in Text und Bild aus unseren WhatsApp-basierten Quellen aufzubereiten und der Allgemeinheit zugänglich zu machen.

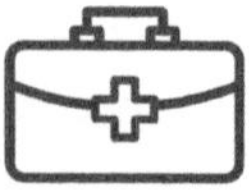

**Backe,** dicke.[1]
Ort des Notrufs: Berlin
Betroffene: Lena
Mutmaßliche Ursache: Lokalanästhesie in der medicina dentium

*Behandlungsmethode zur Beeinflussung erkrankter Organsysteme über gezielte Injektionen von Lokalanästhetika (z. B. Procain, Lidocain und deren Derivate) im Segmentbereich des Organs sowie zur Ausschaltung von Störfeldern (chronisch verändertes Gewebe, z. B. Narben).*

Lena: Ist das normal dass man so komisch aussieht nach'n Zahnarzt??
[15:13:31]

Lena: Also dass alles so schief ist??
[15:13:39]

Lena: Der Mund und so
[15:13:50]

---

1 Quelle: Pschyrembel online, Walter de Gruyter Verlag, Berlin, ISSN: 2510-1668

Lena: Das geht bis unter das Auge
[15:13:58]

Lena: Also da am Knochen
[15:14:03]

Lena: Sinkt jetzt mein Gesicht ab????
[15:14:16]

Lena: Omg ??
[15:14:19]

Sophie: Klar das liegt an der Betäubung
[15:21:03]

Lena: Omg :D
[15:21:18]

Sophie: Geht nach ein paar Stunden weg.
[15:21:29]

Lena: Cool
[15:21:34]

Lena: Alles gut überstanden übrigens
[15:21:40]

Lena: Yay

[15:21:41]

Sophie: Grimassen schneiden und kauen hilft, um es zu beschleunigen

[15:25:26]

Lena: Cool!!!

[15:25:36]

Lena: Danke!!

[15:25:37]

Lena: Ih fühl mich sehr doof

[15:25:41]

Sophie: Vermutlich war es zur Sicherheit eine hohe Dosis, damit du garantiert schmerzfrei bist

[15:31:09]

**Blutvergiftung,** Verdacht auf.
Ort des Notrufs: Berlin
Betroffene: Lena

*Komplexe systemische Entzündungsreaktion (SIRS) auf eine Infektion mit Gefährdung von Vitalfunktionen. Eine Sepsis ist meist bakteriell bedingt, seltener durch eine Infektion mit Viren, Parasiten oder Pilzen. Es handelt sich um einen medizinischen Notfall, der eine unverzügliche und adäquate antiinfektive Therapie unter intensivmedizinischer Überwachung erfordert.*

Lena: Mama seid ich aus dem Urlaub zurück bin ist irgendwie mein Hals geschwollen
[18:08:08]

Lena: So direkt unterm Kinn
[18:08:17]

Lena: Überm Hals
[18:08:23]

Lena: Die horizontale
[18:08:26]

Lena: Am Kiefer entlang
[18:08:32]

Lena: Was kann das sein
[18:08:38]

Lena: Ich schicke gleich mal ein Bild

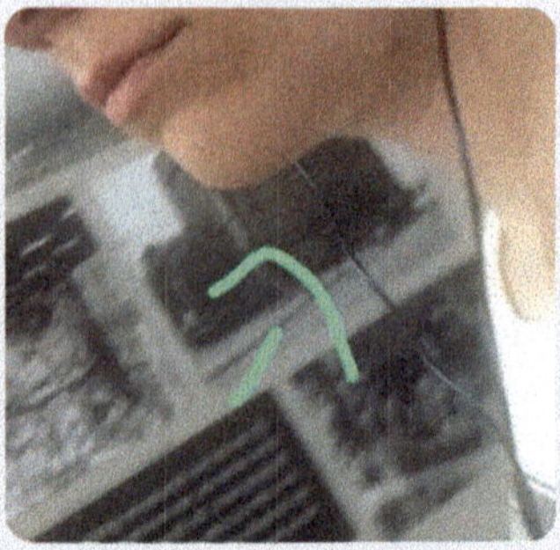

[18:09:27]

Sophie: Sehe ehrlich gesagt nix.
Tut es weh

[18:12:15]

Lena: Ich habe Hals schmerzen aber wenn ich an dem schwellteil rum drücke tut nichts weh

[18:13:00]

Lena: Ist sehr subtil

[18:14:17]

Lena: Aber da bin ich ja Eig extrem schlank an der Stelle

[18:14:17]

Lena: Ich spüre das halt beim runter schauen da ist das unangenehm

[18:15:04]

Sophie: Geschwollene Lymphdrüsen wg Erkältung
[18:15:49]

Lena: Das Ding ist halt blutvergiftung
[18:16:34]

Lena: Macht auch klassische erkältungs symptome
[18:16:45]

Sophie: Irgendwie kommst du von überall krank zurück
[18:18:07]

Lena: Ich kann nicht mehr es reicht langsam
[18:19:33]

Sophie: Schatz, nicht sehr wahrscheinlich, dass eine geschwollene Drüse gleich ne Blutvergiftung ist.
[18:23:10]

Lena: Vielleicht hab ich Fieber
[18:23:44]

Lena: Kann man dass in der apotheke messen lassen
[18:23:47]

Lena: :D
[18:24:00]

Sophie: Vielleicht kann der Apotheker auch Blutdruck messen. Ist bei B. Niedrig und der Puls sehr hoch
[18:24:04]

Lena: Habe ich immer
[18:24:20]

Lena: Mein Puls ist verrockt schon den ganzen Tag
[18:24:34]

Sophie: Dann empfehle ich für morgen Arzt, alles andere hat Zeit
[18:24:48]

**Delirium**, akutes, nach Magenspiegelung, durch Verabreichung von Propofol zu narkotischen Zwecken
Ort des Notrufes: Frankfurt, gastroenterologische Praxis
Betroffene: Lena
*Akute organisch bedingte Psychose mit qualitativer Bewusstseinsstörung in Form von Bewusstseinstrübung, Aufmerksamkeits-, Orientierungs- und Wahrnehmungsstörungen sowie affektiven und vegetativen Symptomen.*

Lena: Bin dran
[07:39:10]

Lena: Binferitb
[07:58:15]

Sophie: Bin da. Hab 40 Min Parkplatz gesucht
[07:59:03]

Lena: St mice!
[07:59:12]

Lena: Hon I'm right rrsjn
[07:59:20]

Lena: Weide nciht du hier sitzen kann
[07:59:32]

Lena: Weis snicjt da gemächlich dir dich ist
[07:59:45]

Sophie: Komme nachher zum Abschlussgespräch dazu
[08:00:02]

Lena: Nice
[08:00:09]

Sophie: Liebe dich, ruh dich aus
[08:00:16]

Lena: Freue mich bis später später omg!!
[08:01:02]

Lena: Liebe dich aucc
[08:01:10]

Sophie: Mach Äuglein zu
[08:01:20]

Lena: Kunst auf 49 49 min geartet total
[08:01:30]

Lena: 40 krank
[08:01:38]

Lena: Ösrnplatz
[08:02:05]

Lena: Park Platz ü
[08:02:11]

Lena: Hahaha was hab ich für Müll geschrieben omg
[08:48:13]

Lena: Ich wollte Eig sagen: krass, dass du 40 Minuten Parkplatz gesucht hast
[08:48:24]

**Eidechsen**, Gefahr durch.
Ort des Notrufs: Sydney, Australien
Betroffene: Tamara

Tamara: Oh fuuuuckkk
[09:59:44]

Tamara: Und wir haben eine 10 cm große Eidechse unterm Kühlschrank
[10:00:07]

Paul: Eidechsen sind harmlos
[10:13:43]

Tamara: Ja aber glaub mir die sehen hier aus wie Mini Drachen
[10:14:15]

Paul: Dann ist es ein Leguan
[10:14:30]

Tamara: Kann sein!!
[10:14:53]

**Ferse**, Blase an.
Ort des Notrufs: Tokio, Japan
Betroffene: Lena

*Primäre Effloreszenz als über das Hautniveau erhabener, mit Flüssigkeit gefüllter Hohlraum. Eine Bulla entsteht durch einfache Spaltung der Hautschichten. Ursachen sind z. B. Scheuerverletzungen, Verbrennungen, Erfrierungen oder infektiöse Erkrankungen wie Herpes simplex oder Herpes zoster. Diagnostiziert wird klinisch, die betroffene Stelle schmerzt.*

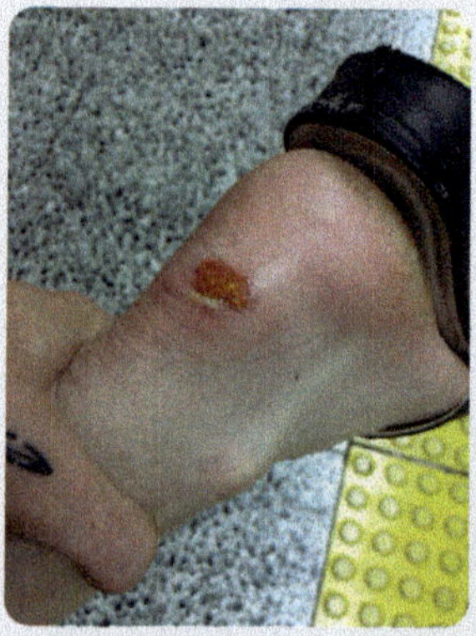

Lena:
[14:13:03]

Lena: Was mache ich hiermit ?
[14:13:11]

Paul: Pflaster drauf und nach 3-4Tagen ist alles für
[14:13:56]

Paul: Gut
[14:14:03]

Lena: Auf einer Skala von 1-10
[14:14:44]

Lena: Wie ekelhaft sieht das aus?
[14:14:53]

Paul: Und nicht mehr die Schuhe anziehen, die das verursacht haben
[14:15:07]

Paul: Is normal – Nix schlimmes
[14:15:21]

Lena: Ne ich finde es nicht schlimm – es sieht nur so widerlich aus
[14:15:44]

Lena: Finde ich
[14:15:47]

Lena: Schockierend
[14:15:50]

Paul: Hast recht- es gibt Schöneres – aber auch deutlich Schlimmeres
[14:16:55]

Sophie: Deine Ferse sieht heftig aus! Schau dass du so ein dickes Pflaster draufmachst, bei uns heißen die Compeed
[16:42:24]

**Quaddeln,** juckende, Fall 1.
Ort des Notrufs: Sydney, Australien
Betroffene: Tamara

*Auftreten von juckenden Urticae (Quaddeln) und/oder Angioödemen, verursacht durch Mastzellaktivierung mit Mediatorausschüttung (insbesondere Histamin), z. B. als Symptom im Rahmen einer allergischen Sofortreaktion (Typ-I-Allergie) oder als eigenständiges Krankheitsbild mit heterogener Klinik und Ätiologie.*

Tamara: Was kann das sein?
[14:28:05]

Paul: Sonnenallergie, allergische Reaktion auf Pflanzen, Sonnencreme o.ä – nur auf dem Unterarm oder an allen unbedeckten Stellen?
[14:30:22]

Tamara: Ist auf beiden Unterarmen
[14:31:19]

Tamara: War heute nicht in der Sonne oder generell draußen
[14:31:29]

Tamara: Kann das davon kommen wenn man zu heiss geduscht hat
[14:37:36]

Tamara: Ist eben erst gekommen und wir haben 10 Uhr abends
[14:31:40]

Pit: Save nein
[16:25:44]

Paul: Sieht nach Hitzepusteln aus oder Fieberpusteln
[16:26:40]

Tamara: Bekommt man das wenn man krank ist? Weil ich bin gesund
[16:27:21]

Paul: Wenn gesund dann nicht
[16:27:40]

Tamara: Also wenn ich mit der Hand drüber fahre spür ich das auch
[16:28:01]

Paul: Was hast du gegessen?
[16:28:02]

Tamara: Indisches Essen
[16:29:20]

Pit: Ja Moin
[16:29:28]

Pit: Allergie
[16:29:32]

Paul: Kann auch davon kommen
[16:29:37]

Tamara: Wahr scharf und normaler weise esse ich nicht scharf kann's daran liegen?
[16:29:39]

Tamara: *war
[16:29:43]

Tamara: So komisch dass das nur an beiden Unterarmen dann ist
[16:30:33]

Anna-Elisabeth: Google das bitte, nicht dass das für das Baby deiner Gastmutter gefährlich wird. Erstmal keinen Kontakt mit ihr.
[17:03:32]

Anna-Elisabeth: Hast du Fieber oder Juckreiz. Unbedingt den ganzen Körper untersuchen ob das noch woanders auftritt.
Wenn es Morgenfrüh nicht besser ist musst du zum Arzt. Es könnte eine ansteckende Erkrankung sein. Hoffentlich nicht Syphilis 😳. Halte dich dann auch von den Kindern fern.

[17:15:54]

Tamara:

[01:51:11]

Tamara: Also sieht schon besser aus aber ist halt immer noch da

[01:51:26]

Paul: Schone dich – kein Alkohol, Parties o. ä – dann belieb auch keine Narben😂

[09:48:37]

**Quaddeln,** juckende, Fall 2.
Ort des Notrufs: Sidney, Australien
Betroffene: Tamara

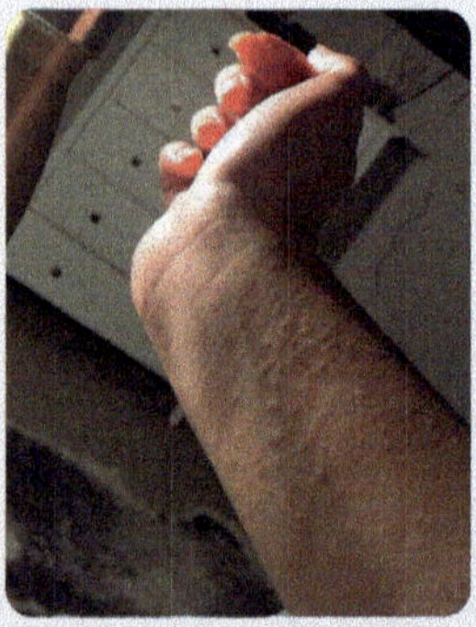

Tamara: Mein Ausschlag ist backkk
[13:33:56]

Paul: Sonne, Sonnencreme, Schweiß- all das können Ursachen dafür sein oder Schmuck
[13:45:39]

Tamara: Es ist hier Winter hab die Sonne nicht mehr seit Mittwoch gesehen haha
[13:46:14]

Tamara: Und Schmuck hab ich nur an einem Arm aber beides echtes Silber also kein billig Schmuck
[13:47:25]

Paul: Auch das kann einen Ausschlag erzeugen
[13:47:50]

Tamara: Aber den Trag ich halt auch schon seit Monaten
[13:48:31]

Tamara: Ist einfach voll dumm will das irgendwie weg haben
[13:48:55]

Paul: Da hilft nur eine Cortisonhaltige Salbe
[13:49:41]

**Quaddeln**, juckende, Fall 3.
Ort des Notrufs: Ostsee, Dänemark
Betroffene: Lena

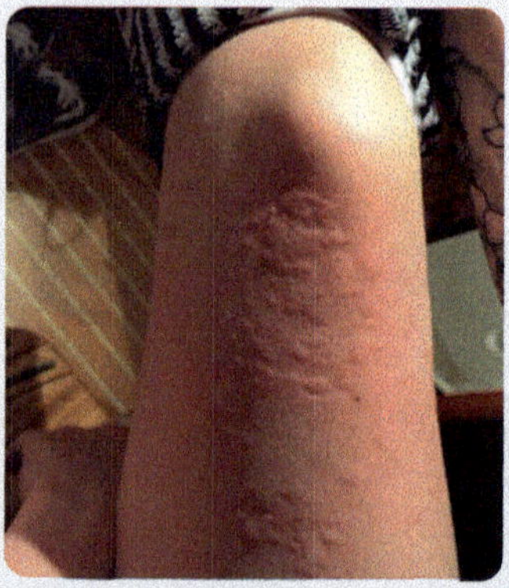

Lena:
[23:15:36]

Lena: Meine Beine sind voll da-
von!:(
[23:15:45]

Lena: Weißt du was das ist?
[23:15:50]

Lena: Juckt ganz stark :(
[23:15:58]

Lena: Kam plötzlich
[23:16:00]

Paul: Das sind Pusteln – Ausschlag – warst du lange in der Sonne ?
[23:17:10]

Lena: Ja
[23:18:02]

Lena: Aber nicht direkt
[23:18:05]

Paul: Warst du im Gras oder bei Sträuchern
[23:18:26]

Lena: Nein
[23:18:30]

Lena: Nicht direkt
[23:18:48]

Lena: Hat heute Mittag angefangen zu jucken am Arm
[23:18:56]

Lena: Das an den Beinen kam plötzlich
[23:19:02]

Lena: In der letzten Stunde
[23:19:07]

Lena: Ich lag nur im Boot
[23:19:12]

Paul: Warst du im Wasser schwimmen
[23:19:52]

Lena: Ne
[23:20:10]

Paul: Unbedingt morgen zum Arzt – sieht wie ne allergische Reaktion aus – Sonne, Pollen o.ä.
Lass das abklären- kann mit ner Cortisongaltigen Salbe ggf. schnell bessser werden – aber auf jeden Fall Arzt konsultieren.
[23:22:07]

Paul: Ist es nur an den Beinen
[23:22:46]

Paul: Was hast du gegessen?
[23:23:47]

Lena: Ne auch arm ein klein wenig
[23:23:54]

Lena: Aber Eig nur Beine ne
[23:24:01]

Lena: Ih habe gegessen Sauerkraut
[23:24:07]

Lena: Würstchen (Soja )

[23:24:13]

Lena: Lkartoffelbrei

[23:24:21]

Paul: Hattest du heute nackte Beine – Spaziergang – Aufebthalt in Freien?

[23:25:46]

Lena: Ne hatte den ganzen Tag lange Hosen an

[23:26:43]

Lena: Weiß nicht ob es am Festland einen Arzt gibt sind alles Kleine Nester hier

[23:26:49]

Paul: Ärztlicher Notruf Dänemark + 45 7013 0041.

[23:39:25]

**Sodbrennen**, lästiges.
Ort des Notrufs: Berlin, Deutschland.
Betroffene: Lena

*Schmerzhafte bis brennende Empfindung in der Magengegend, oft auch retrosternal lokalisiert, oft bis in Hals oder Rachen ausstrahlend. Auslöser ist der Rückfluss von Magenflüssigkeit in die Speiseröhre. Sodbrennen ist das Leitsymptom von Refluxkrankheit und Refluxösophagitis.*

Lena: Was hilft gegen Sodbrennen!!
[19:54:19]

Lena: Schneller :D
[19:54:33]

Paul: Gegen Sodbrennen: Rennie oder Olmep, viel Wasser trinken -nicht zu kalt und was leichtes Essen, ohne Salz, dann schaffst du das. Hdl Stiefpapa 😃
[19:55:17]

Lena: Paauul die Apothekerin schaut mich doof an
[19:55:18]

Lena: Ohne Salz ??
[19:55:30]

Paul: Dann is sie doof, das gibts
[19:55:44]

Paul: Frag nach nem medikament gegen Sodbrennen
[19:56:26]

Paul: Essen ohne Salz
[19:56:53]

Lena: Ja ich meine essen ohne Salz
[19:58:14]

Lena: Bleibt mir ja gar nichts mehr übrig xD
[19:58:22]

Lena: Soll ich das Zeug jetzt zum Essen nehmen ?
[19:58:30]

Lena: Oder danach?
[19:58:33]

Paul: Kannst vor dem Essen nehmen
[20:39:18]

**Sonnenbrand**, schrecklicher.
Ort des Notrufs: Kuba
Betroffene: Lena

*Akute Lichtdermatose mit Verbrennung durch UV-Licht (meist UVB) bei normaler Lichtempfindlichkeit, nachfolgend Prostaglandinbildung mit fototraumatischer zytotoxischer Reaktion. Mit einem Höhepunkt nach 12–24 h entwickeln sich eine ausgeprägte Rötung der Haut mit Hitzegefühl und Juckreiz, evtl. Blasenbildung, Fieber und später Schuppung der lichtexponierten Hautstellen.*

Lena: Und oh
[19:59:52]

Lena: Könntest du mir
[19:59:56]

Lena: So ne Creme besorgen
[20:00:01]

Lena: Kortison?
[20:00:06]

Lena: Ich bin
[20:00:09]

Lena: Schrecklich verbrannt
[20:00:13]

Lena: So schlimm wie noch nie
[20:00:18]

Lena: Mein gabzer Körper
[20:00:24]

Lena: Also wirklich
[20:01:32]

Lena: Extrem schlimm
[20:01:35]

Lena: Stell dir das schlimmste vor
[20:01:42]

Lena: Dann schlimmer
[20:01:45]

Sophie: Oje! Keine Sonnen-creme ?? Quark für 15 min auf die schlimmsten Stellen hilft auch. Hast du gar keine Brandsalbe mit?
[20:29:24]

Sophie: Sag mir bitte noch , wie lange du in Ffm bleibst und wo du nächtigst? Ich liebe dich sehr und freue mich auf mein Lobsterkind♡ 😘♡
[20:31:19]

Lena: Nice
[13:20:26]

Lena: Grad Gelandet!
[13:20:33]

**Spinnenbisse**, Tödlichkeit von.
Ort des Notrufs: Sydney, Australien
Betroffene: Tamara

*Verletzung der Haut durch die Beißwerkzeuge von (giftigen) Spinnen. Gegengifte sind in Deutschland nicht verfügbar.*

Tamara: Ganz ehrlich deutsche labern so einen bullshit haha
[10:15:05]

Tamara: Ich hab mich jetzt mit 5 Australiern unterhalten und jeder sagt das gleiche
[10:15:23]

Tamara: Alle haben gesagt wenn du von einer Spinne gebissen wirst kannst du innerhalb der nächsten Minuten sterben bla bla
[10:15:49]

Tamara: Du hast immer mindestens 2 Stunden Zeit bis das Gift dein Herz erreicht
[10:16:05]

Tamara: Und ein spinnenbiss kann dich nicht töten es sind die Schlangen die gefährlich sind
[10:16:31]

Paul: Probiers besser nicht aus 😂
[10:17:57]

Tamara: Hatte es nicht vor 😂
[10:30:08]

**Spinnenbiss,** geschwollene Hand durch.
Ort des Notrufs: Baltimore, USA
Betroffene: Tamara

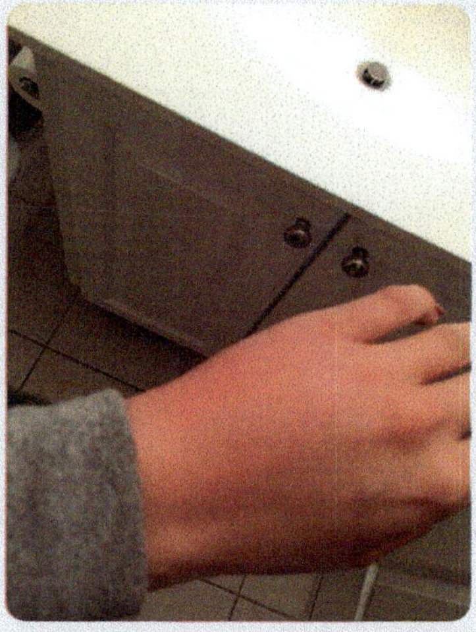

Tamara: Wurde von einer Spinne gebissen jetzt sieht meine Hand so aus

[02:30:26]

Tamara: Könnte mir nichts schöneres vorstellen als von einer Spinne gebissen zu werden 😅

[02:30:46]

Anna-Elisabeth: Das passt doch. Es ist ja Halloween.🎃 Du Arme ausgerechnet dein schlimmster Alptraum beißt dich. 🕷️Ist die Schwellung zurück gegangen?

[06:26:22]

Paul: Wow, sieht schlimm aus – ich hab schon immer gesagt, dass du nicht mit Spiderman spielen sollst 👽 Bei Fieber etc. sofort zum Arzt. Armer Schatz, wir denken an dich💞

[09:03:21]

Tamara: Ja das juckt und brennt wie noch was -.-

[12:41:15]

Tamara: So sieht meine Hand inzwischen aus

[12:41:29]

Tamara: Und am Arm hab ich leichten Ausschlag

[12:41:44]

Anna-Elisabeth: Du solltest auf jeden Fall zum Arzt gehen. Du reagierst allergisch. Hast du das deiner Familie schon gezeigt?

[12:43:13]

Anna-Elisabeth: Das sieht aus wie ein Bienenstock. Was War das für eine Spinne?

[12:43:54]

Paul: Hast du ein Foto der Spinne oder kannst du sie beschreiben? So wie das aussieht solltest du auf jeden Fall einen Doc besuchen.

[12:45:18]

Paul: Der kann dir Cortison-Salbe verschreiben und checken, ob die Spinne vielleicht weitere Nebenwirkungen hat
[12:46:16]

Tamara: Hormone. Tamara wird jetzt zum Mann
[12:47:04]

Tamara: Also wir sind nicht sicher ob es eine Spinne ist oder nicht aber es konnte keine Biene oder Wespe sein. Es war kein Stachel zu sehen und es ist im Auto passiert, wir haben das ganze Auto durchsucht und da war keine Wespe oder sonstiges. Irgendwas hat mich plötzlich gebissen oder gestochen und es hat abnormal gebrannt
[12:47:25]

Paul: Passend zu Halloween – und sei vorsichtig mit Alkohol … Ach, du kriegst ja keinen in den Staaten😎
[12:47:53]

Paul: Ab zum Doc
[12:48:16]

**Trommelfell,** angestochenes.
Ort des Notrufs: Berlin, Deutschand
Betroffene: Lena

*Riss im Trommelfell, z. B. infolge mechanischer Verletzung, starker Druckschwankungen oder Verbrühung und Verätzung. Kleine Defekte heilen in 1–2 Tagen meist von selbst, größere Risse werden operativ versorgt, z. B. mit einer Tympanoplastik. Bei Infektionen erfolgt zusätzlich eine antibiotische Therapie. Mutmaßliche Ursache: unsachgemäße Ohrschmalzentfernung durch Ohrspülung oder Wattestäbchen, Reinigungsversuche des Gehörgangs; hier: nach frühkindlicher Traumatisierung.*

Lena: Mama die Geschichte mit den Ohren Bäumchen.
Wo dem Mädchen Bäume aus den Ohren wachsen weil sie sie nicht putzt.
[18:21:39]

Lena: Hast du die erfunden
[18:23:50]

Sophie: Nein, die stammt aus einem Märchenbuch. Ich hab sie dir vorgelesen.
[18:24:31]

Lena: Ja wegen dem Erzieherischem wert wa
[18:28:00]

Lena: Die hat mich verstört
[18:28:06]

Lena: Ich putze mir sehr oft die Ohren

[18:28:12]

Lena: Ist nicht gut

[18:28:14]

Lena: Manchmal stech ich mir ins Trommelfell

[18:28:24]

Lena: Macht aua

[18:28:28]

Sophie: Für spätere Kollateralschäden bin ich nicht verantwortlich!!

[18:29:42]

Sophie: Außerdem erinnere ich mich genau, dass du die unbedingt vorgelesen bekommen wolltest!

[18:31:37]

Lena: Kollateralschäden?? Ich bin doch kein Auto!

[18:32:19]

Lena: 😂😂

[18:32:25]

Lena: Mama ich war ein kleines Kind! Ich dachte ich könnte fliegen wie in dragonball!

[18:32:42]

Sophie: Kollateralschaden ist ein unbeabsichtigter Nebeneffekt
[18:34:43]

Sophie: Z. B. Zivile Opfer bei einem Angriff auf ein militärisches Ziel
[18:35:51]

Lena: Ich weis was ein kollateralschaden ist!
[18:36:22]

Sophie: War mal Unwort des Jahres
[18:36:59]

Lena: Why
[18:37:06]

Sophie: Weil zynisch, siehe zivile Opfer
[18:37:39]

**Zunge**, schmerzhafte Blase auf.
Ort des Notrufs: Berlin, Deutschland
Betroffene: Lena

*Aphte: Sehr häufige, meist schmerzhafte, erhabene, von einem entzündlichen Randsaum umgebene Bläschen der Mundschleimhaut mit weißlich-gelbem Fibrinbelag. Diese gehen in fleckförmige Läsionen mit rotem Randsaum über, selten in eine Majorform (Mikulicz-Aphte). Zumeist verschwinden sie jedoch narbenlos innerhalb von max. 14 Tagen. Häufig sind aber Rezidive (habituelle Aphten).*

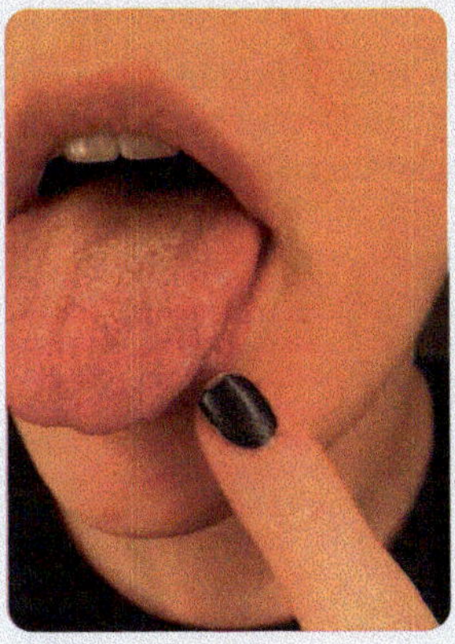

Lena: Pauuul!! Ich habe mir vor so 3 Tagen furchtbar auf die Zunge gebissen und jetzt massive schmerzen. Wird sogar schlimmer nicht besser. Morgen habe ich die Präsentation vom Praktikums Bericht, ich weis nicht was ich tun soll? Bzw denkst du ich muss zum arzt?:D

[17:10:47]

Lena: Weis nicht ob Mans guterkennt .. da ist richtig so ein kleines,loch‘ und die Ränder klaffen auseinander ... und in der Mitte war auch schon eiter zu sehen
[17:12:51]

Lena: Tut wirklich krank weh
[17:12:56]

Lena: Sogar wenn ich nicht rede und nichts tue
[17:13:07]

Paul: Geh in die Apotheke und frag nach Kamistad – das heilt, desinfiziert und betäubt. Du hast einfach ne kleine Entzündung – tut aber höllisch weh – ich kenn das😩
[17:14:25]

Lena: Nah Kamistat bringt nichts das betäubt doch nur dachte ich?
[17:16:43]

Lena: Oke aber sehr gut dh ich kann eh nichts machen
[17:16:54]

Lena: Will nämlich wirklich die Präsi halten
[17:17:05]

Paul: Genau – vielleicht mit Kamille des Mund Spülen – aber Kamistad ist ein Analgetikum auf Kamillebasis
[17:17:56]

Paul: Mund
[17:18:12]

Paul: Auch hier Apotheke – Kamilleblüten holen – aufkochen- Spülen – kannst auch trinken (vorher natürlich die Blüten filtern)
[17:19:33]

Lena: Ich trinke das MIT Blüten du hast mir GAR NICHTS zu sagen
[17:22:37]

Lena: Hardcore
[17:22:45]

Paul: Richtige Einstellung – beiß dich durch
[17:23:02]

Lena: Ha ha
[17:23:14]

Paul: 😂
[17:23:14]

Lena: Ich hasse das so. Ich wünschte ich könnte einfach eine 150 Euro wundersalbe kaufen und dann wäre es in 3 Stunden verheilt
[17:51:23]

Lena: Warum haben wir denn sowas noch nicht erfunden
[17:51:31]

Lena: Was zur Hölle. Du schreibst soo langsam!
[17:51:33]

Paul: Bin ja schon dran – dauert halt noch ein bisschen 😳
[17:52:14]

Lena: Ne ernsthaft! Wir könnten schon mal was neues erfinden außer iPhone Kameras
[17:53:04]

Lena: Menschheit ist zum in die Tonne treten
[17:53:12]

Lena: Nutzlos
[17:53:14]

Lena: Schneller Paul!!! Schneller !
[17:53:21]

Paul: Miststück – du weißt genau, dass ich nicht so schnell nicht
[17:53:53]

Paul: Bin
[17:53:59]

Lena: NUTZLOS
[17:54:18]

Paul: Hey , das ist nur ne Verletzung an der Zunge – kein Arm ab oda so
[17:54:49]

Lena: Pfff
[18:08:59]

Lena: Touché
[18:09:15]

Lena: Aber schon absurd
[18:09:42]

Lena: N abben arm kann man wieder dran machen aber bei kleinen Wehwehchen ist die Heilmethode immer noch 🙆 und 🕰
[18:11:29]

Paul: Hey echt, wenn ich Zeit hab, bedauere ich dich ein bisschen 😂
[18:16:02]

Und zum Schluss und außerhalb der Systematik möchten wir hier noch einen seltenen Ausnahmefall dokumentieren: Diesmal bietet Lena ihrerseits medizinische Hilfe an.

Lena: Wenn ich sterbe (Hirntod) und du zufällig herzkrank bist oder sonst was wär ich so wütend wenn du dir nicht meine Organe einpflanzen lässt

[09:56:28]

Lena: Nur fyi[1]

[09:56:33]

Sophie: Du kommst immer auf Ideen! Wenn du Hirntod erleidest, kannst du dich allerdings nicht mehr ärgern

[11:00:06]

Sophie: Und wenn du vor mir stirbst, brauche ich kein Herz mehr 💔

[11:01:08]

1 fyi = for your information (zu deiner Information)

# 10 Das ist so krääänk!! Oder: Yuffas und die deutsche Sprache

*Sophie erzählt…*

Nein, ich will jetzt nicht von den alltäglichen Auswüchsen der deutschen Sprache berichten, die sich gemeinhin unter dem Begriff Jugendsprache zusammenfassen lassen. Also Ausdrücke wie »Das Ding ist….« (neudeutsch für »Die Sache ist die…«), oder »nice« oder »megakrass« oder »derb hässlich« oder »dizzen«. Daran haben wir uns längst gewöhnt, das lockt selbst den konservativsten Sprachhüter schon lange nicht mehr hinter dem Ofen hervor.

Unsere Patchwork-Kinder, speziell Lena und Pit, pflegen darüber hinaus ein sehr eigenes Verhältnis zu ihrer Muttersprache.

Meine Tochter Lena zum Beispiel erleidet hin und wieder einen akuten Anfall von Sprachnot: Ihr kommen Wörter abhanden wie anderen Leuten der Briefkastenschlüssel. Die Sprachnot quält sie dann so sehr, dass die Sache keinen Aufschub duldet.

Da sitzt man zum Beispiel am verdienten Feierabend auf dem Balkon, sieht dem Lebenspartner entspannt beim Gießen der Geranien zu und genießt eine erste Rieslingschorle, als es pingt.

Lena: Mama hilf mir

[18:24:05]

Lena: Wie heist das Wort

[18:24:07]

Lena: Wenn ein Charakter oder Mensch verkackt hat

[18:24:18]

Lena: Und wenn man das ‚wieder gut macht'

[18:24:25]

Lena: Renommieren

[18:24:27]

Lena: Sowas irgendwie ich komm nicht drauf

[18:24:34]

Lena: Seinen Ruf wieder herstellen

[18:24:40]

Sophie: Rehabilitieren

[18:46:44]

Sophie: Das heißt aber eigentlich, dass derjenige zu Unrecht beschuldigt wurde und dies mit der Rehabilitation klargestellt wird.

[18:48:23]

Lena: Oh

[19:55:47]

Lena: Hm

[19:55:48]

Oder man sitzt in der Fernsehmanagement-Runde im Sender und befasst sich intensiv mit dem neuen elektronischen System zur automatischen Musikerkennung bei TV-Beiträgen, da sendet das Kind aus der Berliner Tram M5 heraus folgende Frage:

Lena: Mama!!

[09:59:02]

Lena: Was ist ein Wort dafür

[09:59:06]

Lena: Wofür man nach seinem Tod steht oder

[09:59:16]

Lena: Generell was man sich als Nachleben aufgebaut hat

[09:59:30]

Lena: Sowas wie Legende, aber das ist es nicht, aah

[09:59:48]

Sophie: Vermächtnis

[11:06:08]

Lena: Oh! Danke
[11:06:20]

Nun ist es ja schön, wenn eine Yuffa ihren Wortschatz pflegen und erweitern will. Das macht Hoffnung!

Andererseits erhalte ich dann wieder Nachrichten mit, sagen wir, eigenwilligen Schreibweisen wie »equiwalent« oder »Taillienumfang«. Oder es kommt zu orthographischen Totalausfällen wie diesem:

Lena: Mama stimmt es das man vom Gebähren auf jeden Fall Hömmoriden kriegt??
[15:43:13]

Lena muss sich dann meine Einlassungen zu Bedeutung und kulturellem Wert der Rechtschreibung auch in elektronischen Nachrichten gefallen lassen.

Um so mehr Häme verbreitet sie natürlich, wenn mir mal ein orthographischer Fehler unterläuft. Das passiert hin und wieder, zum Beispiel in der Nacht, als Paul und ich im Urlaub waren und Lenas Kumpel Rami sich in Frankfurt bei einem Sturz das Sprunggelenk verletzte. Lena fiel wie ein Geier über mich her:

Sophie: Am besten fahrt ihr direkt in die Ambulanz des Burgerhospitals!
[01:12:33]

Lena: Burgerhospital

[01:12:37]

Lena: Burger soweit das Auge reicht

[01:12:39]

Lena: Bis zum Horizont

[01:12:44]

Lena: Dahinter?

[01:12:47]

Lena: Burger

[01:12:50]

Lena: Kopfschmerzen?

[01:12:53]

Lena: Burger

[01:12:57]

Lena: Dringend Herz Transplantation nötig?

[01:13:01]

Lena: Nee

[01:13:05]

Lena: Burger

[01:13:07]

Sophie: Bürgerhospital, Hase, Nibelungenallee 37
[01:13:12]

Lena: Ach nee
[01:13:16]

Sophie: Da heilen sie auch Chicken McNuggets
[01:13:21]

Wieder anders ist das Verhältnis von Pit zu seiner Muttersprache. Er hält die ganze Sache mit der Orthographie für überflüssig, sogar für überholt. In 20 Jahren, davon ist er überzeugt, kümmert sich kein Mensch mehr um solche Old-School-Sachen wie die Rechtschreibung. Bis dahin werden nämlich die computerbasierten Korrekturprogramme so perfekt sein, dass die alles selber erledigen. Und wenn nicht, wird es auch egal sein, weil korrekte Rechtschreibung als Ausdruck einer gewissen Allgemeinbildung keine Sau mehr interessieren wird. Es wird dann also völlig wurscht sein, ob ein Bewerbungsschreiben Rechtschreibfehler enthält oder nicht.

Vorläufig und bis die deutsche Sprachgemeinschaft diese nächste Stufe ihrer kulturellen Entwicklung endlich erklommen hat, fragt er sicherheitshalber bei Bewerbungen seine Mutter um Rat.

Ich muss jetzt sicher nicht weiter ausführen, dass Pit nicht nur die Feinheiten, sondern auch die Grundlagen der deutschen Rechtschreibung in allen seinen schriftlichen Äußerungen konsequent ignoriert. Ich glaube, das einzige Mal, dass ich Pit ein scharfes »ß« habe verwenden sehen, war in seiner Youtube-Rubrik »FlipFlops Weißheiten«. Konrad Duden würde sich im Grabe umdrehen, aber who the fuck war nochmal Konrad Duden?

Es hat eine gewisse Konsequenz, dass Pit generell nicht ganz so viel Wert auf die Schriftform legt, um sich persönlich auszudrücken, und daher auch etwas weniger aktiv auf WhatsApp ist als seine Schwester und Stiefschwester.

Sein ureigenes Terrain ist das digital verbreitete gesprochene Wort, vor allem das megaschnell gesprochene Wort, was er regelmäßig auf seinem Youtube-Kanal »FlipFlop« beweist. Seit einiger Zeit hat Pit 100.000 Follower, und, soviel Anerkennung muss sein, das muss man erst mal schaffen.

Er selbst kommentierte das Erreichen seines großen Ziels im Video so:

»Was geht ab, Leute, Flipflop ist wieder back am Start... What can I say, what can I say! Es ist so krääänk! Es ist der krasseste Scheiß, der mir in meinem Leben passiert ist... So viele Leute haben gesagt, Bro, hör auf mit der Scheiße, du bist so behindert... Und dieser Weg zu den 100.000 Abonnenten, das war der abgefackteste, krankste, hassvollste Weg ever.«

Dieter Thomas Heck (die Älteren werden sich noch erinnern) war vom Sprachtempo her im Vergleich auf der Standspur unterwegs, während Pit ganz links auf der Überholspur dahinrast. Da heißt es in älteren Studien, dass Männer nur circa 7000 Wörter am Tag sprechen. Was aber inzwischen als überholt gilt. Wie auch immer: Pit schafft das in 90 Sekunden – der krasseste Schnellsprecher ever.

# 11 Der Unfall oder: »Wäre gerade fast draufgegangen«

*Paul erzählt…*

Ich suche einen alten Staubsauger aus den 50er Jahren, der ein bisschen so aussieht wie eine Panzerfaust, und eine Polaroid-Kamera. Beides brauche ich für eine spezielle Raterunde in meiner kleinen Fernsehshow. Gemeinsam mit meinem Kollegen Stefan, dem Requisiteur, bin ich unterwegs in der weiträumigen Halle, in der unser Sender Requisiten für Filmproduktionen und Shows lagert.

Wie immer komme ich mir ein bisschen vor wie ein Kind in einem Spieleparadies. Regalreihen, wohin das Auge schaut. Speere, Pistolen, Schilde aus bemaltem Plastik, Geschirr mit Goldrand aus Großmutters Zeiten, Lampenschirme aus den 70ern, bespannt mit Stoffen in orange und braun, alte Kaffeemühlen, Kinderwagen, Nierentische, Fernsehgeräte jeder Generation, Bücher-Attrappen, die innen hohl sind, Wandbilder, kitschige Leuchten in Form venezianischer Gondeln, die man auf den Fernseher stellt, alte Gemäldeklassiker – wahlweise in Öl oder als Druck, wie die Spanierin, die Seufzerbrücke in Venedig oder das Matterhorn. Ich glaube, es gibt nichts, was es in dieser Lagerhalle nicht gibt.

Natürlich zeigt mir Stefan in seinem Reich der Illusionen eine riesige Auswahl an Staubsaugern, die ich als solche gar nicht erkannt hätte, und beschreibt mir kenntnisreich deren Details. Ich habe buchstäblich die Qual der Wahl.

Auf Stefans Nachfrage berichte ich ihm, dass die stumpfflügeligen Hallensegler doch noch artgerecht umgesiedelt werden konnten, und zwar in eine der Messehallen in Frankfurt. Der B.U.N.D. plant dort in Zusammenarbeit mit der Landesregierung eine Dauerausstellung zur Ökologie in Ballungszentren mit dem Titel »Urbane Biotope«. Das passt doch wunderbar! Die niedlichen Fledermäuse sollen dort ein langfristiges Domizil finden. Wir kommen also noch rechtzeitig ins Studio 1, um unsere Sendung zu produzieren.

»Da hat doch bestimmt ein Oberbonze seine Finger im Spiel gehabt«, sagt Stefan. »Wäre endlich mal was Sinnvolles aus der Chefetage.«

Wir sind gerade auf dem Weg zum Regal mit den Polaroid-Kameras, da ertönt ein Ping. Na klar, sicher eines der Kinder. Ich öffne die Nachricht und sehe ein Foto.

Mir wird leicht schwindelig und ich stütze mich an der Mähne einer lebensgroßen Löwen-Attrappe ab. Das ist Pits Auto auf dem Foto, sein erster eigener Wagen, den er vor gerade einmal zwei Monaten gekauft hat.

Will mein Sohn einen schlechten Scherz mit mir machen? Weitere Pings folgen.

Pit: Hab mich überschlagen
[15:24:09]

Pit: Wäre gerade fast drauf gegangen
[15:24:19]

Stefan ist inzwischen aufgefallen, dass es mir nicht gut geht, und schaut mich fragend an.

Ich kann aber noch nicht reden. Nichts ist mir im Moment unwichtiger als die Polaroid-Kameras.

Mir geht durch den Kopf, dass Pit kaum schwer verletzt sein kann, wenn er als Erstes ein Foto seines auf dem Dach liegenden Wagens in die Familien-WhatsApp-Gruppe stellt.

Was für eine Idee überhaupt!

Dann denke ich, er kann auch im Schock gehandelt haben. Vielleicht hat er erst mal reflexhaft ein paar Postings an seine Community verschickt. Wäre ihm zuzutrauen.

Pits Schwester schaltet sich ein.

Tamara: What
[15:24:32]

Tamara: Ist das dein Auto
[15:24:39]

Tamara: Hallooo antworte
[15:24:57]

Von Pit kommt jetzt nichts mehr.

Stattdessen noch eine Nachricht von Tamara.

Tamara: Habe gerade mit Pit telefoniert.
[15:27:22]

Sofort versuche ich Tamara zu erreichen, die sich gerade auf einem Urlaubsflug befindet und eine Zwischenlandung in den Emiraten hat. Ich verstehe sie kaum, dann reißt die Verbindung ganz ab. Also schreibe ich wieder über WhatsApp.

Paul: Welches Krankenhaus?
[15:28:28]

Tamara: Weiß er nicht
[15:28:44]

Tamara: Der Krankenwagen kam aber gerade
[15:28:56]

Sophie: Weißt du wo das passiert ist?
[15:31:26]

Tamara: Ich hab 10sek mit ihm telefoniert weil der Krankenwagen gerade kam
[15:32:33]

Tamara: Ich konnte nur fragen was passiert ist
[15:32:44]

Tamara: Und ob es ihm gut geht
[15:33:16]

Tamara: Ja man
[15:33:29]

Tamara: Ist alles mega scheisse
[15:33:33]

Tamara: Bin jetzt 10 Stunden im Flieger und weiß null was los ist ich Dreh hier gerade durch
[15:33:50]

Allmählich realisiere ich, dass sich mein Sohn offenbar gerade mit dem Auto überschlagen hat. Ich denke an die vielen Spielfilme, in denen Wagen bei Verfolgungsjagden spektakulär durch die Luft fliegen, sich um Baumstämme wickeln, als zerfetztes Wrack liegen bleiben oder explodieren. Leider befinde ich mich, wenn auch in einer Halle mit Filmrequisiten, in der Realität. Und mein Sohn ist kein Stuntman, sondern ein Führerschein-Neuling. Ich erlebe den Alptraum aller Eltern.

Ich sage Stefan knapp, dass mein Sohn einen Autounfall hatte. Er ist selber Vater eines halb erwachsenen Kindes und sagt nur: »Dann raus mit dir.«

Als ich zu meinem Auto gehe, schaltet sich auch Pits Mutter Anna-Elisabeth ein, und ich bin froh wie selten, dass es WhatsApp-Gruppen gibt – so bekommen alle wenigstens mit, was gerade läuft.

Anna-Elisabeth: Ich hab ihn kurz gesprochen
[15:36:58]

Anna-Elisabeth: Er ist im Krankenwagen und wird untersucht
[15:37:16]

Anna-Elisabeth: Er konnte aber sonst nichts sagen weil die sich gerade um ihn kümmern
[15:37:49]

Paul: Wo wird er hingebracht – dass ist das wichtigste?
[15:37:53]

Anna-Elisabeth: Er geht nicht ans Handy
[15:38:18]

Anna-Elisabeth: Ich probiere es weiter
[15:38:26]

Paul: Wo ist es passiert – dann kann ich die Leitstelle anrufen
[15:38:34]

Tamara: Okay Leute mein Flieger geht jetzt los, haltet mich bitte auf dem laufenden! Hab euch alle sehr lieb und ich hoffe es ist alles okay..
[15:45:11]

Sophie: Guten Flug! Mach dir nicht so viel Sorgen, es sieht ja aus, als hätte er riesig Glück gehabt

[15:46:08]

Paul: Habe die Leitstelle angerufen- ist bei ihm zuhause kurz vor Neustadt auf einer Landstraße passiert – melde mich sobald ich mehr weiß

[15:47:07]

Paul: Ihm scheint es soweit gut zu gehen

[15:47:39]

Paul: Schock halt – aber ich kümmere mich

[15:47:59]

Paul: Er wird gerade untersucht – habe eine Nr. die ich anrufen kann – dann weiß ich wo er hingebracht wird. Fahre gleich los und melde mich von unterwegs. Sophie,komme kurz vorbei um ein paar Übernachtungssachen zu holen und mache Mich auf den Weg

[15:54:18]

Sophie: Ich komme mit. Und ich fahre!

[15:56:31]

Meine Frau Sophie ist das Beste, was das Universum seit dem Urknall hervorgebracht hat, und weiß genau, dass, wenn ich in dieser Situation Auto fahren würde, das Lenkrad bei meiner Coolness gefrieren könnte. Deshalb übernimmt sie das Steuer – so kann ich auf der etwa einstündigen Fahrt weiter telefonieren, um rauszukriegen, wo mein Sohn in der Zwischenzeit gelandet ist.

Schnell wird mir von der Leitstelle bestätigt, dass die Sanitäter bereits vor Ort waren – sie hatten Pit im Krankenwagen untersucht. Und dann haben sie ihn an der Landstraße stehen lassen!

Als mir der Mitarbeiter der Leitstelle dies ganz nüchtern mitteilt, wird mir trotz der brütenden Hitze an diesem Tag im Juli eiskalt ums Herz. Draußen brutzelt die Sonne auf die dürre, in diesem Ausnahmesommer ausgetrocknete Landschaft, die Temperatur liegt bei 35°C im Schatten – und die Sanis lassen meinen Sohn, der sich mit dem Wagen überschlagen hat, nach oberflächlichem Check einfach am Straßenrand stehen.

In diesem Moment wünschte ich mir, ich wäre im Zivildienst nicht zum Rettungssanitäter ausgebildet worden. Aber leider habe ich in dieser Zeit viele Einsätze gefahren und weiß, dass Unfallteilnehmer – auch wenn sie äußerlich keine Verletzungen aufweisen – immer unter Schock stehen können. Dies kann, vor allem bei Sommerhitze, zu einem Kreislaufkollaps führen.

Außerdem ist mir nur allzu gut in Erinnerung, dass die Ausstattung eines Rettungswagens nicht dafür gebaut ist, innere Verletzungen, innere Blutungen oder ein Hirntrauma festzustellen.

In Sekundenbruchteilen schießen mehrere Gedanken gleichzeitig durch meinen Kopf: Ein Sani kann eine solche

Diagnose nicht stellen. Das kann nur ein Arzt. Und selbst der braucht für die Untersuchung Geräte wie Ultraschall, Röntgen oder eine Computertomographie. Stattdessen überlassen diese unfähigen Typen mein Kind sich selbst?

Sophie sieht, dass ich Schweiß auf der Stirn habe und ihr ist klar, dass der nicht von der Hitze kommt.

Sie legt mir die Hand auf den Arm. Sie hat sich aus den Telefonaten die Infos zusammengereimt und sagt nichts, weil es gerade nichts zu sagen gibt.

Endlich – ich kann es kaum fassen – erreiche ich Pit telefonisch. Die Sanis hatten ihm in ihrer großartigen Umsicht geraten, sich von einem Freund an der Unfallstelle abholen zu lassen. Das hat mein Sohn gemacht und nach vier vergeblichen Versuchen auch einen Kumpel erreicht, der ihn nach seiner Arbeit mit sich nach Hause genommen hat.

Pit klingt verwirrt und nicht wirklich orientiert. Er weiß nicht, wie lange er am Straßenrand gewartet hat. Er sagt, er habe während der Fahrt wegen seiner kaputten Klima-Anlage das Seitenfenster im Auto runtergekurbelt. Irgendwann habe er nach einer Wespe geschlagen, die vor seinem Gesicht herumgeschwirrt sei. Er wisse nicht mehr, was genau danach passiert sei.

Ich habe das Gefühl, er weiß nicht mal genau, wo er ist. Ich lasse mir seinen Freund ans Telefon holen. Der Freund nennt sich »Snapper«. Ich habe keine Ahnung, wo der Spitzname herkommt. Ist mir im Moment auch egal. Ich frage Snapper nach der Adresse seiner Wohnung.

»Hi, ich will Pit abholen, sag mir mal Straße und Hausnummer«, sage ich.

»Ich schicke sie dir gleich aufs Handy«, ist seine Antwort.

»Nein, sag mir doch einfach die Adresse – wir telefonieren

doch gerade miteinander!«, entgegne ich und bemerke, dass meine Stimme etwas lauter ist als gewöhnlich, obwohl ich Snapper durchaus dankbar sein müsste.

»Ja, aber wenn ich sie dir schicke, hast du sie gleich als map.«

Mir schwillt der Kamm. Kann dieser Yuffa nicht einfach mit mir *reden*? Also *mit gesprochenen Worten* kommunizieren?

Ich bin kurz vor dem Ausrasten. Angst, Hitze und Stress machen mich nervlich fertig.

»*Nein*«, schreie ich in mein Handy, »sag mir jetzt sofort die Straße – mein Navi findet das schon. Das geht doch schneller!!«

Schließlich bringt Snapper die Zauberworte über seine jugendlichen Lippen.

Am Ende fahren wir dann doch nicht zu Snappers Wohnung, sondern treffen Pit in der chirurgischen Praxis eines mir bekannten Arztes. Ich war nämlich nach dem Telefonat mit Snapper genau in der richtigen Stimmung, um nochmal Druck bei der Leitstelle zu machen. Ich verlangte, dass die Sanitäter meinen Sohn bei seinem Freund abholen und zum Arzt bringen, dessen Praxis im selben Ort liegt. Und zwar pronto. Hat zwar erst funktioniert, als ich mit rechtlichen Konsequenzen drohte – hat aber immerhin funktioniert!

Als Sophie und ich in der Praxis eintreffen, wird Pit gerade untersucht. Wenige Minuten später sind wir alle erleichtert: Der Arzt gibt Entwarnung. Keine inneren Verletzungen, auch nicht im Schädel. Der Arzt regt sich über das Verhalten der Sanitäter auf. Er meint, auch beim Rettungsdienst werde inzwischen kräftig gespart. Ich denke an die Milliardenüberschüsse unseres Staates an Steuergeldern, die für dieses Jahr erwartet werden. Meine Wut bleibt.

Eine Stunde später sitzen wir zu dritt in einem Sushi-Lokal. Es ist Pits Lieblingsrestaurant im Ort und er hat sich das gemeinsame Essen zum Ausklang dieses unglaublichen Tages gewünscht, der mich durch alle Schrecken des Vater-Seins gejagt hat. Tatsächlich kommt in dem angenehm puristisch eingerichteten Lokal so etwas wie Entspannung bei uns allen auf.

Das Lachs-Sashimi auf der Sushi-Platte ist zu kunstvollen Rosen geformt und wird auf Platten serviert, die dank Trockeneis von eindrucksvollen silbergrauen Rauchschwaden umweht sind. Die Spezialität des Hauses.

Pit greift sofort zum iPhone, fotografiert die spektakulären Sushi-Teller und stellt die Fotos ins Netz, wahrscheinlich auf sämtlichen Social-Media-Plattformen, die es gibt.

Normalerweise hätte mich das am Esstisch genervt.

Heute Abend sehe ich ihm einfach nur glücklich dabei zu.

# 12 Das Schlachtfeld der Muskeltiere oder: Worum wir unsere Yuffas beneiden

*Sophie erzählt…*

Ich klettere in das Gerät und klemme meine Fußknöchel unter einer schwarzen gepolsterten Rolle ein. Ich stelle die Gewichte auf eine Zahl ein, die ich hier nicht verrate. Immerhin ist sie zweistellig.

Ich drücke die Unterschenkel nach oben. Die Rolle hebt sich. Kurz oben halten, dann laangsaam wieder runter. Und dann nochmal. Und noch viele Male.

Ich sitze auf einer Kraftmaschine namens »Leg Extension«. Erst dachte ich, ich könnte meine Beine damit verlängern. Analog zu »Hair Extension«. Aber natürlich ist das unmöglich, sonst wäre Miss Piggy hier Stammgast. Ich kann meine Beine mit dieser Übung nur dehnen. Genauer gesagt, die Muskulatur der Oberschenkel.

Und wie ich sie dehne. Es brennt und ziept wie Feuer in meinem Bein. Dabei bin ich erst bei der vierten Wiederholung im ersten Satz an Übungen. Das weiß ich, weil mein intelligentes Trainingsgerät jede Ausführung mitzählt und auf dem Display anzeigt. Erst nach 15 Wiederholungen leuchtet ein grünes Licht auf und erlöst mich kurzzeitig. 30 Sekunden Pause, das ist so programmiert. Toll, was die Technik heute alles kann!

Überhaupt ist das Fitness-Studio tipptopp. Zahllose Cardiogeräte der neuesten Generation stehen in mehreren schnurgeraden Reihen hintereinander, man kann beim Training fernsehen oder virtuelle Trails am Grand Canyon laufen. Dazu kommen eine Menge Premium-Krafttrainingsmaschinen, die, so steht es auf der Website des Studios, «eine großartige Ästhetik mit raffinierten Designelementen verbinden und so ein natürliches Bewegungsgefühl bieten«.

Mein natürliches Bewegungsgefühl wäre es offen gesagt, aus dieser Kraftmaschine Richtung Dusche zu flüchten. Ist aber keine Option.

Es ist Ende Januar. Hoch motiviert und voll guter Vorsätze fürs neue Jahr hatten Paul und ich uns kurz nach Silvester nach Jahren mal wieder in einem Fitness-Studio angemeldet. In der ersten Euphorie entspann sich danach folgender WhatsApp-Dialog zwischen Lena und mir:

Sophie: Hab mich diese Woche beim Fitness Studio angemeldet. Die haben ein 25 Meter Schwimmbad!
[13:36:11]

Sophie: Am Montag kommt Fitness Check , dann geht's los
[13:36:55]

Lena: Uh du gehst wieder schwimmen? Cool! Freust du dich?:)
[13:38:09]

Lena: Fitness Check?
[13:38:52]

Sophie: Ja sehr. Aufgrund des Checks werden die Übungen zusammengestellt
[13:39:41]

Lena: Aber nur im Wasser dann?:0
[13:40:10]

Sophie: Nee die haben auch Geräte wie alle anderen😃
[13:40:40]

Lena: Ah ok
[13:40:54]

Lena: Hab dich grad Wasser Gymnastik machen sehen vorm inneren Auge :D
[13:41:11]

Sophie: Bieten die aber auch an. Und Kraul Kurse
[13:41:50]

Lena: Ja und machst du das?
[13:42:21]

Sophie: Wassergymnastik ist scheisse anstrengend...
[13:42:37]

Lena: I know
[13:42:44]

Sophie: Aber kraulen lernen will ich gerne
[13:42:55]

Lena: Ich erinnere mich an den Urlaub in Elba das war traumatisierenden
[13:42:58]

Lena: Das sah immer so einfach aus und dann ging gar nichts
[13:43:08]

Lena: Ich hab mich gefühlt wie ein Walross war Erniedrigend
[13:43:34]

Lena: Du solltest den Schmetterling lernen!!:D
[13:43:43]

Sophie: Mein Kreuz ist breit genug….
[13:44:09]

Lena: 😂
[13:44:15]

Lena: Braucht man für den Schmetterling ein breites Kreuz?
[13:44:28]

Lena: Wusste ich nicht
[13:44:44]

Lena: Fand immer nur das sieht lustig aus
[13:44:49]

Sophie: Man kriegt eines!! 😎
[13:45:00]

Lena: Ahhh!
[13:46:09]

Lena: Haha
[13:46:15]

Lena: Mama wer mit über 50 in nem Hochzeitskleid aussieht wie du darf sich überhaupt gar nichts beschweren jemals
[13:51:09]

Lena: :D
[13:51:21]

Sophie: Ooohhh ich liebe dich
You made my day😍😍
[14:13:45]

Sie ist die beste aller Töchter, aber um der Wahrheit die Ehre zu geben, das Hineinhungern in das enge Etuikleid aus elfenbeinfarbenem Satin fürs Standesamt war schon wieder eine Weile her. Ich musste also etwas tun.

Beim Initialritus, dem Fitness-Check, federte ein junger Mann namens Andy auf mich zu, der aussah, als würde er schon vor dem Frühstück gerne mal den Ärmelkanal durchschwimmen. Kräftiger, wohldefinierter Oberkörper, das konnte ich unter seinem T-Shirt deutlich erkennen. Ich zog unwillkürlich den Bauch ein unter meinem neuen Tec Fit Lady Energizer Funktionsshirt und absolvierte dann bereitwillig und mit einem festgefrorenen Dauerlächeln, wie man es von Tanzmariechen kennt, alle Übungen an Hanteln, Ringen und Geräten in der Hoffnung, dass es wenigstens zur Gesichtswahrung reichen würde.

Einmal blickte ich zu Paul hinüber. Sein Fitnesstrainer, der ebenso gut in Form war wie mein Andy, führte gerade makellose Liegestütze auf der Matte aus. Wenn sein Oberkörper den höchsten Punkt erreicht hatte, klatschte er kurz in die Hände. Paul stand daneben und sah ein bisschen blass um die Nase aus.

‚Um Gottes willen', dachte ich, ‚er wird solch eine Tortur doch nicht von meinem Paul verlangen?'

Doch dann verbot ich mir eiskalt jedes Mitgefühl: Ich hatte mit mir selbst genug zu tun. Auf dem Schlachtfeld der Muskeltiere kämpft jeder für sich allein. Entschlossen ließ ich mich von Andy ins nächste Gerät einspannen.

Ich weiß nicht mehr viel von meiner ersten Trainingseinheit – ich erinnere mich nur daran, wie sich bei Andy nach ein paar kläglichen Kniebeugen meinerseits die jugendliche Stirn umwölkte und er etwas von »Luft nach oben« murmelte. Meine Ergebnisse wurden danach direkt in den Computer eingegeben. Meine Gesamtpunktzahl, die ich hier nicht verrate, wurde in meiner persönlichen digitalen Karteikarte gespeichert. Sie war immerhin zweistellig, allerdings konnte man insgesamt 1000 Punkte erreichen.

Dennoch ließ ich mich nicht unterkriegen. Ich blickte auf ein Plakat mit dem Motivationsspruch:

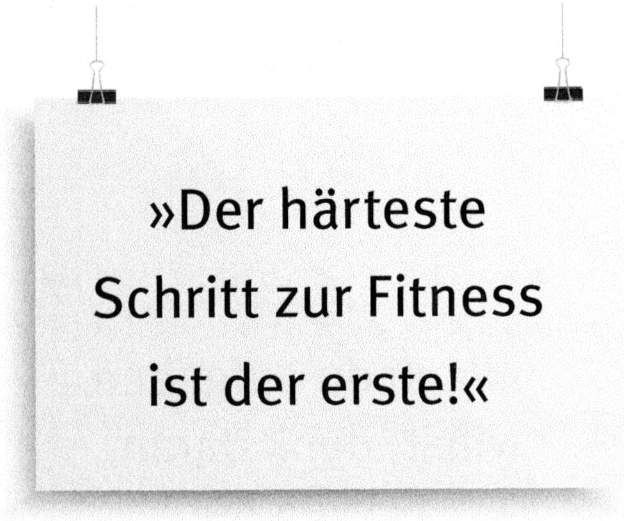


Genau! Nur dein Wille zählt!! Alles findet in deinem Kopf statt!!!

Selbstsuggestionen wie diese haben letztlich dazu geführt, dass ich mich an diesem Januartag an einem Gerät namens »Chest Press« wiederfinde. Ich muss mit beiden Armen zwei Hebel von mir wegdrücken. Das soll die Brustmuskulatur stärken. Für Frauen ist das sehr wichtig; in Frauenzeitschriften liest man immer wieder, die Brustmuskulatur sei eine Art »BH von innen«. Daher bemühe ich mich um optimale Interaktion zwischen mir und dem High-Tech-Gerät.

Bei Durchgang zwei, Wiederholung sieben, signalisiert mir dennoch jeder einzelne Brustmuskel, dass er keine Lust mehr hat und gefälligst der BH den Job machen soll. Kaum drei Wochen nach der ersten Begegnung mit Andy taucht in mir die Frage auf: ‚Was um Himmels willen tue ich hier? Warum zur Hölle hab‘ ich das bloß gemacht?‘

Mein Blick fällt auf ein weiteres Plakat aus der Reihe der Motivationssprüche:

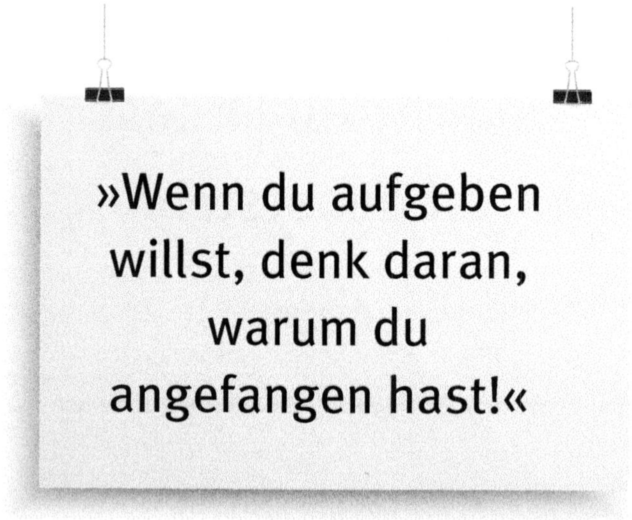


Wäre ich nicht eine der Gereiftesten hier im Studio, so eine Art Grande Dame des Krafttrainings, würde ich dem Plakat den Mittelfinger zeigen.

Auf der Suche nach einer effektiveren Form von Motivation hebe ich meinen Blick in Richtung der Tür zur Damenumkleide. Sie führt nämlich auch in den Wellness-Bereich. Das ist das Besondere an meinem Sportstudio und deswegen heißt es auch »Sports and Spa«: Man kann den Wellnessbereich des angrenzenden 5-Sterne-Hotels mitnutzen. Dieser Bereich verfügt über eine finnische 80-Grad-Sauna mit verschiedensten Aufgüssen, eine Bio-Sauna mit 65 Grad, eine Heusauna, ein Caldarium mit beheizten Bänken und Wänden, ein Dampfbad, mehrere Infrarot-Liegen, einen Außen-Whirlpool, eine wohlsortierte Teebar und beheizte Liegen im Ruheraum, in dem ein sanft plätschernder Zimmerbrunnen aus anthrazitfarbenem Marmor für Entspannung sorgt.

Ehrlich gesagt gab dieser Wellness- und Spa-Bereich den Ausschlag für mich, genau dieses Sportstudio zu wählen, denn alle Schinderei wird belohnt, wenn man im Anschluss dieses Paradies betritt.

Deswegen gucke ich also sehnsuchtsvoll in Richtung Paradiespforte. Aber ich kann sie nicht sehen. Der Blick wird mir versperrt. Er wird mir versperrt durch einen muskelbepackten männlichen Rücken, der sich rauf- und runterbewegt. Auf dem Rücken ist ein Drache tätowiert, dessen prächtiger Anblick durch den schmalen, textilen Mittelstreifen eines verschwitzten Tank Tops nur unwesentlich eingeschränkt wird. Jedes Mal, wenn Schulter und Rücken sich bewegen, scheint sich der Drache aufzublasen. Rote Flammen züngeln über den gewaltigen Nacken seines Besitzers.

Der Drache gehört zu einem Typen, der sich ebenfalls mächtig aufbläst. Einer dieser aufgepumpten Kerle, bei denen mehr Anabolika durch die Adern kreisen als rote Blutkörperchen. Der Kerl kniet auf einer Trainingsbank und zieht immer wieder eine Mörderhantel an sich heran. Er ist krebsrot und stöhnt und schnauft wie eine Dampflok.

Natürlich ist er mit einem Kumpel hier, der neben ihm steht und ein wichtiges Gesicht macht. Der Kumpel ist klein und untersetzt und kaut Kaugummi. Beide tragen breite Ledergürtel über ihren Tank Tops. Als sich der Typ mit dem

Drachen-Tattoo auf der Bank auf den Rücken umdreht und die Hände nach oben ausstreckt, wuchtet ihm der Untersetzte stumm eine Stange mit reifengroßen Gewichten drauf, was seinem Buddy ein scharfes Zischen entlockt.

Warum machen Kerle das? Warum gehen sie zu zweit ins Sportstudio und trainieren gemeinsam, reden dann aber kaum ein Wort miteinander?

Ist es so, wie wenn wir Frauen zusammen shoppen gehen? Bauen sie, die Männer, dabei Nähe und Bindung in ihrer Beziehung auf? Oder geht es nur darum, gemeinsam maximale Mengen an Testosteron zu versprühen?

Ich weiß es nicht. Ich weiß nur, dass sie viel weniger zusammen lachen als Mädels beim Shoppen. Sie sehen eher grimmig aus. So sehen Frauen beim Anblick einer Prada-Handtasche niemals aus, selbst wenn diese für sie unerschwinglich ist.

Da ich nun meine Tür zur Wellness-Oase nicht sehen kann, sondern nur die pumpenden Testosteron-Jungs, blicke ich kurz zu Paul herüber.

Für einen Moment muss ich mich orientieren, wo bei ihm oben und unten ist, da er kopfüber in einem Gerät hängt, die Füße in zwei Schlingen fixiert. Als ich schließlich Pauls Gesicht entdecke, eine Handbreit über dem Boden, sieht dies fast genauso grimmig aus wie das der zwei Kraftprotze vor der Tür in die Damenumkleide. So gucken Radfahrer in knapp sitzenden Leibchen, die auf Mountainbikes einen mörderisch steilen Gebirgspass bezwingen wollen. Mir fällt dazu immer eine Textzeile von »BAP« ein:

»Et jitt kei jrößer Leid, als wat der Minsch sich selvs ahndeit.«

Das wäre doch mal ein passender Posterspruch hier im »Sports and Spa«! Stattdessen hängt hier Flachsinn an den Wänden wie:

**»Schmerz ist nur Schwäche, die deinen Körper verlässt.«**

Ergeben wende ich mich meiner letzten Übung zu, obwohl sie mich an mein Hassgerät führt: einen Bauchmuskeltrainer. Für einen kleinen Moment bilde ich mir ein, ich könnte irgendwann einen so flachen Bauch kriegen wie unsere drei Yuffas.

Und bei diesem Gedanken halte ich inne, bevor ich mit der Hassübung beginne, und beschäftige mich eine Weile ausgiebig damit, die drei Kinder zu beneiden. Ich gebe zu, es ist offener, unverhohlener, giftgrüner Neid, der eigentlich unter der Würde einer Grande Dame des Krafttrainings sein müsste.

Aber ist es gerecht, dass Lena und Tamara Kleidergröße XS tragen und in schlauchengen H&M-Fummeln großartig aussehen? Ich meine die Art von winzigen Kleidchen, die an uns Best Agers schon lächerlich aussehen, wenn wir sie nur überm Arm tragen, um sie dem zierlichen Nachwuchs in die Umkleidekabine zu bringen.

Tamara geht ja wenigstens ebenfalls ins Sportstudio. Aber Lena hält es eher mit Churchill, von dem ja das Zitat »No sports« stammen soll. Ich habe sie nur einmal darauf angesprochen, ob sie nicht in Berlins schönen Grünanlagen joggen wolle oder so. Daraufhin schnaubte sie empört und meinte leichthin, sie könne ja immer noch Sport treiben, wenn sie es mal müsse.

Ja, reib's mir nur rein, dachte ich! So was von hochnäsig!

Leider hat sie insofern recht, als dass sie auch ohne Sport topfit zu sein scheint. Ich erinnere mich, wie sie einmal am Lago Maggiore auf der Südseite der Alpen mit ihrem Papa und mir eine geführte Bergtour mit Marschgepäck gemacht hat, die bezeichnenderweise »il kilometro verticale« heißt und genau so dramatisch verläuft, wie ihr Name ahnen lässt: Es geht 1000 Höhenmeter senkrecht nach oben. Der oberste Teil der Route war noch verschneit, und Lena lief uns auf ihren Schneeschuhen davon wie ein Reh. Dieses Geschenk der Jugend! Hab ich schon erwähnt, dass ich neidisch bin?

Was Tamara angeht, so weiß ich nicht genau, wo sie mehr Training absolviert: als leidenschaftliche Partymaus auf dem Dancefloor oder in der Muckibude. Jedenfalls ist das Ergebnis dasselbe, Größe XS, siehe oben. Was wiederum ihren Papa stolz macht und zu WhatsApp-Chats wie dem folgenden führt, in dessen Mittelpunkt ein Nichts von einem bauchfreien Kleid steht:

> Paul: Das Kleid sieht aber super aus – und – mal ehrlich – du bist schon ein Schuss- musste von deinem Vater haben😎
> [22:15:52]

Sophie: Toller Bauch😀
[22:16:33]

Tamara: Ja mein bierbauch muss ja auch irgendwie zur Geltung kommen oder
[22:24:51]

Tamara: Ich wusste ich bin adoptiert
[22:25:17]

Tamara: Just kidding[1] höhö
[22:25:23]

Mitleidslos, das junge Ding.

Ich sitze immer noch tatenlos auf dem Bauchtrainer und beschäftige mich damit, neidisch zu sein. Bestimmt häufe ich jede Menge schlechtes Karma an. Neben mir schnauft ein sehr junger Mann mit beeindruckendem Bizeps, als er eine Hantel stemmt. Vermutlich drückt er sich gerade vor den Hausaufgaben und müsste eigentlich den Pythagoras lernen. (Falls man sowas heute noch lernt.) Ich stelle mir vor, dass mein Stiefsohn Pit solche Sachen jeden Tag macht. Also nicht den Pythagoras lernen, versteht sich, sondern Hanteltraining. Denn er geht jeden Tag ins »Gym«. Und zwar nach der Arbeit. Zum Lohn hat er einen durchtrainierten Körper und ist gertenschlank, so schlank, dass man sich unwillkürlich fragt, wo der liebe Gott bei ihm die inneren Organe untergebracht hat.

1 Just kidding: Ich mache nur Spaß!

Dank seiner Muskelmasse kann Pit so viel essen, wie er will, und, weiß Gott, das tut er auch! Bei seinem letzten Besuch bei uns fragten wir wie üblich, wieviel Brötchen er zum Frühstück wolle, und da orderte er sechs Körnerbrötchen. Und aß sie binnen Minuten auf. Und die vier Quarkbällchen, die eigentlich für den Nachmittagskaffee und für uns alle gedacht waren, rundeten sein Frühstück ab. Dann war er satt. Puh, geschafft!

Bevor Pit übers Wochenende kommt, kaufen wir vorher immer zwei Pfund Butter extra ein, ein halbes Dutzend Packungen Räucherlachs und eben so viele eiweißreiche Rindersteaks, ein paar Packungen kerniges Vollkornbrot und ein paar Liter Orangensaft. Naja, vielleicht wächst er ja noch.

Paul schwört, dass er in seiner Jugend ebenso sportlich war wie Pit und die gleiche Figur hatte. Inzwischen ist er ein bisschen mehr in die Breite gewachsen. Aber an einem Kerl wie Paul darf ruhig etwas mehr dran sein; er ist nicht als Elbe gedacht. Paul selbst nimmt es lässig und auch die Frotzeleien mit Humor:

Tamara: Cooles Foto! Papa du Model
[17:32:34]

Paul: Yepp – schon in jungen Jahren war klar – dies ist der sexiest man alive in the universe 👍🤘💪
[17:34:31]

Sophie: Quadratisch, praktisch , gut 😀
[17:35:39]

Tamara: Hahahaha Sophie 😂😂
😂🙏
[17:37:05]

Tamara: Lach mich gerade tot 😂
😂
[17:37:44]

Paul: Undankbares, verblendetes
Volk
[17:37:49]

Tamara: Hahaha ach papa wir
lieben dich auch so ♡😂
[17:38:20]

Ja ok, das war gemein, mein Spruch gegenüber Paul. Schlechtes Gewissen treibt mich schließlich doch noch dazu, meinen musculus rectus abdominis in Schwingung zu bringen. Schweigen wir über meine Leistung. Egal, denn danach darf ich endlich durch die Himmelspforte in die Damenumkleide eintreten. Ich mag die Damenumkleide nicht nur, weil sie unmittelbar ans Wellnessparadies angrenzt. Ich mag sie auch, weil sie außer Hörweite der Herrenumkleide liegt.

Das rührt daher, dass ich einmal in der Sammelumkleide der Damen in einem öffentlichen Schwimmbad folgenden Dialog anhören durfte, geführt von zwei Männern hinter einer sehr dünnen Gipswand, die Männlein und Weiblein nur optisch voneinander trennte.

»Wie machsu Rücken?«, fragte einer der beiden.

»Rücken mach isch mit Wachs«, sagte der andere.

Aha, dachte ich, zwei Herren, die auf ein gepflegtes Äußeres achten. Dennoch: too much information. Vor meinem geistigen Auge tauchte das Bild eines kräftigen Männerrückens auf, dicht behaart wie ein Spinnenbein. Ich schob das Bild entschlossen weg.

Nächste Frage: »Un wie machsu Sack?«

Antwort: »Sack mach isch mit Messer.«

Keine Bilder, bitte keine Bilder!!

Im Ruheraum des »Sports and Spa« treffe ich Paul auf einer beheizten Liege an. Er hat ein Buch in der Hand, in dem die »Starwars«-Geschichte im Stile von Shakespeare erzählt wird. Paul liebt »Star Wars« und hat sogar peinlicherweise einen Star Trooper als Aufkleber am Auto. Da wir im Ruheraum momentan allein sind, deklamiert Paul leidenschaftlich, das sanfte Plätschern des raumhohen Zimmerbrunnens übertönend:

»Now holdeth Luke the weapon in his hand,
And with a switch the flame explodes in blue.
The noble light Luke's rev'rence doth command:
That instant was a Jedi born anew.« [1]

Ja, Paul ist ein großer »Starwars«-Fan, aber solche Verse sind auch für einen ausgewiesenen Schöngeist anstrengend, fast so anstrengend, wie mit den Füßen nach oben an einem Brett festgeschnallt zu sein. Ich vermute, noch vor dem nächsten Kampf mit dem Lichtschwert wird Paul selig eingeschlafen sein.

Ich genieße die Bio-Sauna und gönne mir danach eine Massage bei Hoa, einer zierlichen Vietnamesin. Ich staune

---

1 Zitat: Ian Doescher, »William Shakespeares Starwars«, Lucasfilm Ltd. & TM, 2013, ISBN 978-1-59474-6637-6

immer wieder, wieviel Kraft in ihren kleinen Händen steckt. Sie knetet jeden Einzelnen der vorher strapazierten Muskeln durch.

Es tut weh, aber es tut gut! Sooo gut! Ich blicke durch das Guckloch im Kopfpolster auf eine am Boden aufgestellte, von Blumen gerahmte Kerze. Bevor ich bei meditativen Klängen und unter dem Einfluss duftender Räucherstäbchen in den Halbschlaf hinwegdämmere, formen sich in meinem Geist noch letzte Gedanken:

Sport ist großartig!

Denn: »Unsere Körper sind unsere Gärten – unsere Willen sind unsere Gärtner.« (William Shakespeare).

# 13 Yelp oder: Wofür wir unsere Yuffas bewundern

*Beide erzählen…*

Okay, sie sind anstrengend. Sie geraten zu den unpassendsten Zeiten in Notfälle der kleinen, nervigen Sorte und manchmal auch der gravierenden Art. Beides ist nicht wirklich schön. Hinterher sind das alles nette Anekdoten, die man Freunden bei einem guten Glas Rotwein erzählen kann. Wenn man mittendrin steckt, so ohne jeden emotionalen und zeitlichen Abstand, fühlt es sich meist eher doof an. Es fehlt das milde, leicht verklärte Lächeln, das feuerzangenbowlenhafte Erzählungen aus der Schulzeit begleitet. That's life with Yuffas.

Was wir vielleicht hin und wieder vergessen haben zu erwähnen, ist, dass unsere Yuffas, im Vergleich zu allen anderen Vertretern und Vertreterinnen dieser Spezies, natürlich die tollsten Yuffas der Welt sind. Deswegen wollen wir das letzte Kapitel den Dingen widmen, die wir an unseren Yuffas bewundern. Nun ja, und auch, damit der Familienfrieden nach Veröffentlichung dieses Buches halbwegs erhalten bleibt. Nicht, dass die Kinder am Ende ihr Erbe ausschlagen. Hi guys, es ist alles nicht böse gemeint!!!

Was die bewunderungswürdigen Dinge angeht, so gibt es zunächst ganz naheliegende Sachen. Zum Beispiel die selbstverständliche Virtuosität, mit der unsere Yuffas alles beherrschen, was mit *»dem Internet«* zu tun hat. Klar wissen sie besser, wie man erfolgreich von einer entlegenen Skihütte aus skyped oder wie man zwischen einer Trillion offener Tabs hin und her springt, ohne die eigenen Synapsen hoffnungslos zu verknoten. Klar könnten sie ihre zahlreichen Lieblingsserien illegal streamen (was sie aber natürlich nie tun, liebe Filmrechtewächter). Klar spielen sie meisterhaft auf der Klaviatur sämtlicher Sozialer Medien und wissen komische Sachen, zum Beispiel, dass Insta-Storys sich am nächsten Tag von selber wieder löschen und damit das Weltkulturerbe von unnützem Ballast befreien. (Ok, das war wieder so ein elternhafter ironischer Seitenhieb, sorry. Diese Finger tippen manchmal, was sie wollen.)

Die generelle Überlegenheit der Millennials in Sachen Internet ist allerdings nicht wirklich ihr Verdienst. Sie rührt von der Gnade der späten Geburt in den 90ern her und ist sozusagen Teil ihrer frühesten Sozialisation.

Was wir noch mehr bewundern, ist, wie nachsichtig sie mit unsereinem umgehen. Irgendwie sind sie sehr verständnisvoll, vielleicht weil sie ahnen, dass wir uns in den frühen 80ern wie blöd über die geniale elektrische Schreibmaschine mit Typenrädern gefreut haben, als es galt, etwa die Hausarbeit über die Epen des Mittelalters für die Uni zu schreiben. Wenn Vater und Stiefmutter also mal wieder keine Whats-App-Nachricht unfallfrei hinkriegen, zeigen sie alle drei große Geduld. Dies zeigen winzige Episoden wie folgender Austausch zwischen Pit und Sophie:

Pit: Kann ich nach dem Duschen zurückrufen

[17:32:40]

Sophie: Yelp

[17:32:57]

Pit: Yelp?
[17:33:05]

Pit: Heißt das yes ?
[17:33:10]

Pit: Oder help?
[17:33:14]

Pit: Oder beides :D
[17:33:24]

Sophie: Yelp, also yes
[17:33:32]

Pit: Okay :)
[17:33:39]

Tamara garniert unsere Wissenslücken in der digitalen Welt gerne noch mit dem nachsichtigen Kommentar: »Och, guck mal, ist doch ganz einfach…«

Und Lena weiß, dass ihre Mama ganz aufgeregt ist, wenn sie ein neues iPhone gekriegt hat, und mahnt behutsam zur Besonnenheit.

Sophie: Omg, da kann man verschiedene Hautfarben wählen bei den Gesichtern!!!
[20:51:39]

Sophie: Ich schick dir nachher Fotos mit dem echten Moos an unserer Wohnzimmerwand. Sehr schön 🍃🌿
[20:53:22]

Lena: Mama bitte chill mit den Emojis
[20:57:34]

Lena: 😂😂
[20:57:41]

Sophie: Macht aber Spaß weil ich jetzt so viel mehr habe🍏🍎🍐🍊🍋🍌🍉🍇🍓🍈🐤🐺🐗🐴🎹🎷🎨🎪
[20:58:00]

Sophie: Du hast mir doch mal gesagt, Nachrichten ohne Emojis gelten als unfreundlich
[20:59:13]

Lena: Ja die normalen
[20:59:53]

Lena: Aber du musst nicht extra so Pflanzen Dinger raussuchen XD
[21:00:09]

So ein sanftes, einfühlsames Coaching ist genau das Richtige für »Analogue Natives« wie uns.

Die Yuffas verraten uns auch, wie man WhatsApp-Nachrichten archivieren, weiterleiten und darin nach Schlagworten suchen kann. Was übrigens ausgesprochen hilfreich war für dieses Buch!

Ja, unsere Yuffas wissen, dass ihre Eltern gern an den gefährlichen, klebrigen Fäden im World Wide Web hängenbleiben. Sie könnten uns ja auch herzlos dabei zusehen, wie wir nach tagelangem Zappeln elend zugrunde gehen, weil wir unsere Urlaubsfotos einfach nicht per »WeTransfer« an den lieben Cousin geschickt kriegen. Tun sie aber nicht, die Kinder. Danke also an dieser Stelle für eure Nachhilfe.

Darüber hinaus haben alle drei noch zusätzlich ihre besonderen und sehr individuellen Qualitäten, für die wir sie bewundern.

**Pit**

Pit hat sich seit seiner Kindheit standhaft geweigert, irgendein Buch in die Hand zu nehmen – es sei denn, es war unbedingt für die nächste Klassenarbeit notwendig. Klar, dass dies vor allem seinem Vater Sorgen bereitete, nach dem Motto: »Was soll nur aus dem Jungen werden, wenn er nicht liest…!?«

Und nun, seit wenigen Jahren, liest Pit!

Aber nicht etwa Belletristik, Dramen oder Lyrik. Nein, er liest amerikanische Wirtschaftsbücher über Internethandel, natürlich auf Englisch, investiert sein Geld in entsprechende Seminare und handelt mittlerweile mit seinem eigenen Modelabel, wobei er die Klamotten in China anfertigen lässt. (Wie zum Teufel dealt man mit den Chinesen? Pit weiß es.)

Mit anderen Worten: Pit geht schon mal Umwege, aber er kommt an seine selbst gesteckten Ziele.

Schon als Pubertierender entdeckte er, dass man mit dem Handy oder einer geborgten Videokamera Filme machen kann, die man bei Youtube ins Netz stellt. Und die andere Jugendliche idealerweise aufrufen. Zunächst war sein Ziel, 1.000 Follower auf seinem Kanal »FlipFlop« zu haben.

Ein Meilenstein der Tag, als Pit ein Fantreffen in Köln veranstaltete und ihm circa 200 überwiegend weibliche Teens auf der Domplatte hinterher liefen. Pit erwähnte der Familie gegenüber beiläufig, dass er eine Anzeige der Polizei erhalten habe wegen einer nicht genehmigten Versammlung (die Anzeige wurde dann übrigens niedergeschlagen).

Und bei seinen Fans hat er sich nach dem Tag auf der Domplatte per Youtube-Video wie folgt bedankt:

»Ich wollt euch allen danken, für das Ganze, was ihr mir ermöglicht. Weil ich weiß, dass ich schon immer so was wollte und irgendwas mit Video produzieren und ich hab halt jetzt meine Plattform Youtube gefunden. Mein Ziel war es immer, 100.000 Abonnenten zu erreichen auf dieser Plattform und ich denke wir kommen dem Ziel relativ nah. Und dieser Tag hat mir vor allem gezeigt, dass ich einfach ne megaschöne Zeit hab, dass ich so viel erreicht hab, und auch wenn ich die 100K niemals erreichen sollte, dass ich dann nicht traurig sein sollte, sondern einfach stolz sein, wieviel ich schon erreicht hab und wieviel geile Leute ich hab.« Zwei Jahre später knackte er, wie in Kapitel 10 bereits erwähnt, die 100.000.

Diese Zielstrebigkeit, Hartnäckigkeit und auch Disziplin bewundern wir. Denn diese Arbeit hat er nebenher gemacht – in den Stunden, in denen er nicht zu sehen und nicht ansprechbar war, sondern sich hinter seinem PC vergrub.

Ok, es war nicht so schön, dass er ebenfalls mit 17 Jahren der Meinung war, die 12. Klasse auf dem Weg zum Fachabitur abbrechen zu müssen und sich das Berufsziel »Millionär« setzte.

Dass er alle unsere gut gemeinten Ratschläge zu Gestaltung, Schnitt und Dramaturgie von Videos mit einer Handbewegung abtat, obwohl wir Journalisten sind und seit Jahrzehnten fürs Fernsehen arbeiten. Nein, diese Erfahrung wurde schlicht niedergebügelt mit dem einen Satz: »Wisst ihr, das macht man heute nicht mehr so«. Und wir kamen uns altmodisch – oder auch »old school« – dabei vor.

Es war auch nicht so prickelnd, dass er in der Folge zwielichtigen Schweizer »Coaches« mit dicken Uhren, protzigen Autos und anderen fragwürdigen Statussymbolen aufsaß, die mit windigen »Studiengängen« nur an sein Geld wollten, ohne dafür irgendeine wirkliche Leistung zu bringen.

Aber immer, und das ist das Bewundernswerte, hat er irgendwie die Kurve gekriegt, durch ein einjähriges Praktikum sein Fachabi nachgemacht, und, während wir dieses Buch schreiben, ein Duales Studium angefangen, in dem er sein Talent als Videomacher voll einbringen kann. Chapeau!

Oder vielleicht besser: Mega krass, Bro.

## Tamara

Tamara ist ein Sonnenschein – egal wo sie hinkommt, sie nimmt die Leute für sich ein. Dabei spielt es überhaupt keine Rolle, ob dies bei Jobs, bei Familienfesten oder als Au-pair in ihren Gastfamilien geschieht.

Als sie nach den Aufenthalten als Au-pair in USA und Australien nach Berlin umzog und dort einen Nebenjob suchte, der sie für die geplante Studienzeit finanzieren sollte, ignorierte sie sämtliche Jobbörsen im Internet und zog stattdessen einfach zu Fuß los in die Stadt. Abends berichtete sie uns, dass sie nachmittags in einem Fachgeschäft für Damenstrumpfwaren spontan einige Stunden zur Probe gearbeitet hatte und sie am nächsten Tag dort anfangen könne. Kurz darauf bot man ihr bereits einen Jahresvertrag an. Kein Wunder: Tamara trieb den Umsatz des Ladens mächtig in die Höhe, weil sie die Kundinnen ohne jede Mühe um den kleinen Finger wickeln kann.

Diese Gabe, mit Offenheit und Charme die Herzen der Menschen zu gewinnen, bewundern wir an ihr. In den Schoß gefallen ist ihr das nicht: Als ganz junges Mädchen hat sie die Schule gewechselt, weil sie von den Mitschülern gemobbt wurde. Doch offenbar hat ihr das Erlebte sogar Stärke gegeben: Auf ihrer Abi-Abschlussfeier wurde sie einstimmig zur Party-Queen der Schule gekürt.

Tamara ist auf besondere Weise empathisch. Das zeigt sich etwa, wenn sie sich mit Engelsgeduld und immer wieder aufs Neue bemüht, ihrer Oma das »neumodische« Handy zu erklären.

Besser als jede Schilderung von unserer Seite beschreibt folgender Brief Tamaras besondere Gabe. Es ist der Abschiedsbrief ihrer australischen Gastfamilie nach ihrem Au-pair-Aufenthalt.

Liebste Tamara,

ich kann nicht in Worten beschreiben, wie dankbar wir sind, dass du in den vergangenen 7 Monaten ein Teil unserer Familie warst.

Ich habe sehr gezögert, zum ersten Mal ein Au-pair aufzunehmen, aber es war so eine Freude, dich um uns zu haben. Die Jungen lieben dich heiß und innig und werden dich so sehr vermissen. Besonders Xavier wird all die wundervollen Abenteuer vermissen und die neuen Freunde, die ihr zusammen gewonnen habt.

Du bist ein sehr besonderes Mädchen, du bist so nett und freundlich und liebevoll mit den Kindern. Du bist außerdem intelligent und rücksichtsvoll und arbeitest hart.

Ich liebe es, wie positiv du bist – nie ist irgendwas ein Problem und du bist wie ein fröhlicher Sonnenstrahl in unserem Heim.

Wir danken dir sehr für alles, was du für uns getan hast und jetzt sind wir gespannt, von deinen nächsten Abenteuern zu hören – Studium und Beruf! Wir wissen, dass du Erfolg haben wirst, egal was du machen wirst.

Wir können es nicht abwarten, dich bald in Deutschland zu besuchen.

Jede Menge Liebe und Küsse

von uns fünf

**Lena**

Lena hat eine großartige Unfähigkeit zu Smalltalk. Okay, vielleicht ist es erklärungsbedürftig, warum wir sie gerade dafür bewundern. Wir versuchen es mal.

Nehmen wir an, man hat gerade die Absicht, ein gesellschaftliches Thema nur so ein wenig an der Oberfläche zu diskutieren, weil man einen Latte Macchiato in der Hand hat und der Augenblick draußen im Café unter Schatten spendenden Bäumen gerade erfreulich unbeschwert ist.

Mit derlei Smalltalk-Versuchen hat man keine Chance. Da ist das Mädchen gnadenlos. Nehmen wir beispielsweise an, wir diskutieren per WhatsApp über die Forderung Transsexueller nach Unisex-Toiletten. Okay, schreibt Paul leichthin, irgendwo müsse bei allem Verständnis für sexuell anders orientierte Minderheiten ja mal Schluss sein.

Erst kommt gar nichts zurück, was wir zu Recht als eine Art entsetztes Stillschweigen interpretieren.

Dann ein Dauerfeuer an Pings.

Lena: Zum Thema Unisex Toiletten:
[15:58:07]

Lena: Über 40 Prozent amerikanischer transsexueller Jugendlicher haben mindestens einen selbstmordversuch vor ihrem 20sten Lebens Jahr
[15:58:37]

Lena: SuizidRate in Schweden bei transsexuellen Personen liegt selbst nach gesxhlechtsumwandlung noch 20 mal höher als bei der allgemeinbevölkerung

[15:59:29]

Lena: Ich finde leider keinerlei Daten zu Deutschland

[15:59:38]

Lena: Ich denke aber es kann gesagt werden

[15:59:50]

Lena: Das Leben ist nicht so einfach

[16:01:06]

Lena: Ich finde unisex Toiletten sind da kein großes Opfer

[16:01:29]

Lena: Um einen Schritt in deren Richtung zu gehen

[16:01:39]

Lena: Und es ein wenig einfacher zu machen

[16:01:50]

Lena: ‚70 Prozent der nicht diagnostizierten transsexuellen verstümmeln sich selbst, viele gehen bis zum selbstmord'

[16:05:01]

Lena: Studie in Nordrhein Westfalen:
[16:11:29]

Lena: 78 Prozent der Befragten Transsexuellen Männer und 22 der befragten Frauen dachten schon an selbstmord
[16:12:22]

Lena: 30 % aller Trans sexuellen versuchen sich umzubringen
[16:13:00]

Lena: Laut der Studie
[16:13:03]

Lena: Ich finde das sind extrem kranke zahlen..
[16:13:24]

Zuerst denken wir: Wie anstrengend, dass sie immer so grundsätzlich werden muss. Dass sie ungebeten ihre Recherche-Ergebnisse anschleppt wie ein Hund seinen Knochen, dass sie ihre Einlassungen auch noch mit moralischer Empörung aufpimpt und uns das Ganze vor die Füße wirft. Oh ja, es ist sehr anstrengend, wie sie immer gleich einen Feldzug führt für das, was sie für gerecht hält!

Paul will zurückschreiben: Chill mal, Lena.

Aber das schreibt er dann nicht. Denn wir lesen alles nochmal in Ruhe durch und geben uns Mühe, nicht genervt zu sein. Und plötzlich bringt sie uns doch tatsächlich dazu, dass wir uns schämen, weil wir so überhaupt nicht weiter nachgedacht haben. Ist das nicht großartig?

Lena zwingt ihre Whatsapp-Chat-Partner, ihr Gegenüber und auch alle anderen, die nicht bei Drei auf den Bäumen sind, Stellung zu beziehen. Und wenn Lena sich moralisch empört, dann macht sie es mit Haut und Haar. Dann echauffiert sie sich. Dann spüren wir ihre Leidenschaft und ihr Leiden.

Folgende Pings galten beispielsweise dem gewaltsamen Niederschlagen der Proteste von indianischen Ureinwohnern gegen die North Dakota Pipeline, die durch ihr Land führt, einige Monate nach der Wahl Donald Trumps zum neuen Präsidenten der USA:

> Lena: Gegen 400 american natives hat die Polizei Wasserwerfer und Tränengas eingesetzt – 136 wurden verletzt, ein 13jähriges Mädchen wurde von einem Gummigeschoss getroffen
>
> [19:16:02]

> Lena: ... willkommen in nordkorea
>
> [19:17:02]

> Lena: Die Menschen werden nach der Verhaftungen in Käfige gesteckt
>
> [19:24:18]

> Lena: Käfige!!!
>
> [19:24:21]

Lena: Da muss endlich internationaler backlash kommen!! Das ist der »Westen«, von wegen erste Welt...

[19:25:09]

Lena: Friedliche Protester werden behandelt wie Tiere das ist so ubmensxhlich

[19:25:24]

Dafür bewundern wir sie. Für ihren Gerechtigkeitssinn. Für ihre Ernsthaftigkeit. Für ihre Menschlichkeit.

Es sind allerdings nicht immer die hohen, hehren Ziele, für die sie ihre Feldzüge führt. Manchmal kämpft sie auch für viel profanere Anliegen. Zum Beispiel für große, opulent geschmückte Weihnachtsbäume, die das elterliche Wohnzimmer zu sprengen drohen. Ihr gerechter Zorn traf uns denn auch, als wir irgendwann auf eine bescheidenere Variante umgestiegen sind.

Sophie: Guck mal, dieses Jahr statt Tannenbaum

[22:19:41]

Sophie: Hier das Foto
[22:21:33]

Lena: Eine Schande
[22:25:07]

Lena: Peinlich
[22:25:10]

Lena: Traurig
[22:25:11]

Lena: Knecht Ruprecht kommt und holt euch.
[22:25:43]

Daraufhin nutzten wir die seltene Gelegenheit, einmal unsererseits die ultimative moralische Keule rauszuholen: Umweltschutz! Klimawandel, Tsunamis, verbrannte Erde, verheerende Fluten in Wohngebieten, das drohende Ende der Menschheit!! Das muss dieses engagierte Kind doch überzeugen!

Sophie: Paul ist begeistert, dass dafür kein echter Baum sterben musste
[22:26:17]

Lena: Wir sollten Paul mal ausrechnen wie viele echte Bäume für sein Klopapier sterben
[22:26:55]

Lena: Und das ist kein schönes Leben nach dem Tod.
[22:27:04]

# Wofür und wem wir Danke sagen

Wir bedanken uns ganz herzlich bei der Winzergenossenschaft »Les Vignobles de Ramatuelle« in Südfrankreich. In ihrer Verkaufsstelle beim Örtchen Ramatuelle nahe St. Tropez kann man Rosé und Rotwein aus dem Zapfhahn direkt in den Kanister abfüllen lassen. Den Rosé gibt es in einer einfacheren und einer besseren Sorte. Der Gute zu 3,50 € pro Liter hat in erheblicher Weise zur Entstehung diese Buches beigetragen. Man glaubt gar nicht, wie ein schöner, kühler Rosé, genossen auf der Veranda eines Mietbungalows im sonnigen September, der Muse auf die Sprünge helfen kann. Wir leerten zwei 10-Liter-Kanister innerhalb von drei Wochen. Sie sind quasi in dieses Buch eingeflossen.

Außerdem danken wir dem heftigen Starkschnee in Österreich und Bayern in unserem jüngsten Winterurlaub. Verursacht wurde dieser durch eine kräftige Mischzone von nach Mitteleuropa einströmenden feuchten Atlantik- und polaren Kaltluftmassen. Beteiligt waren das blockierende Hoch Angela über den Britischen Inseln und mehrere Tiefs namens André, Benjamin, Christof, Donald und Florenz. Aufgrund des heftigen Schneefalls waren einige Orte wegen Lawinengefahr und Schneeverwehungen zeitweise von der Außenwelt abgeschnitten.

Dies führte dazu, dass wir in unserem Urlaubsort Biberwier im Bezirk Reutte in Tirol nach und nach einschneiten. Wir sahen vor der Fensterfront unseres Urlaubsdomizils, eines gemütlichen Blockhauses, über Tage nichts anderes als

Schneeflocken. Mal dicke, weiße Frau-Holle-Flocken, mal vom Wind gepeitschte harte Eiskristalle. Jedenfalls Schnee nonstop. Aushäusige Aktivitäten lockten uns daher wenig, so dass wir am Kaminfeuer ganz in unserer schriftstellerischen Arbeit versanken wie die Tiroler Berglandschaft im tiefen Weiß.

Weiterhin danken wir unserem Drogeriemarkt um die Ecke für seine großzügigen Öffnungszeiten. Wir haben dort gleich zu Beginn unserer Schreiberfahrung an einem Samstagabend kurz vor Toresschluss um 21 Uhr sehr preiswerte Nahsichtbrillen mit 1,5 Dioptrien erstanden. 3,99 € pro Stück, eine kleine Investition in ein großes Unterfangen. Wir hatten nämlich zur Vorbereitung dieses Buches erst mal alle relevanten WhatsApp-Chats ausgedruckt, die quasi die Basis unseres Schaffens waren. Dann stellten wir beide fest, dass wir die winzig kleinen Buchstaben auf den Ausdrucken unmöglich bloßen Auges entziffern konnten. Natürlich hatten wir uns vorher nicht eingestanden, eine Sehhilfe fürs Kleingedruckte zu brauchen. Da wir aber unbedingt sofort loslegen wollten, konnten wir uns vor dieser Erkenntnis nun nicht mehr drücken und waren froh, dass der Drogeriemarkt noch aufhatte. Die billigen Teile wackelten allerdings bereits nach dem zweiten Kapitel. Inzwischen besitzen wir beide anständige Nahbrillen aus Optikerfachgeschäften. Auch diese hätten wir ohne dieses Buch vermutlich niemals erworben.

Und schließlich danken wir vor allem und vor allen anderen unseren wunderbaren Kindern beziehungsweise Stiefkindern. Ihr seid das Herz dieses Buches, das es ohne euch nicht geben würde! Ohne unseren umfangreichen Austausch per WhatsApp hätten wir diese Geschichte nicht erzählen können, die mehrere Jahre unseres gemeinsamen Lebens spiegelt. Ihr habt uns inspiriert, beflügelt und uns reichhaltiges Material geliefert. DANKE an euch drei!!

Wie Sie sich vermutlich denken können, trägt dieses Buch in hohem Maß autobiografische Züge. Hin und wieder haben wir uns dennoch einige künstlerische Freiheiten erlaubt. Deswegen haben wir auch die Namen fast aller handelnden Personen geändert.

Was wir aber garantieren, ist, dass alle hier dokumentierten WhatsApp-Chats im Original so versendet wurden, wie sie in diesem Buch wiedergegeben sind – bis auf gelegentliche Kürzungen. Manche Sachen kann man nicht erfinden.

Frankfurt, im September 2021
Ute Janik und Hans Popp